LE PETIT LIVRE
DES PLANTES MÉDICINALES

LE PETIT LIVRE DES PLANTES MÉDICINALES

Élisabeth Trotignon

CHÊNE

SOMMAIRE

LA BRIONE

HISTOIRE DES PLANTES MÉDICINALES

Depuis la nuit des temps, l'homme s'intéresse aux plantes. Il les utilise comme aliments et médicaments. Il a appris peu à peu à les connaître, par tâtonnements, guidé par son instinct et ses expériences, qui le conduisirent parfois à l'échec ou, plus grave, à la mort. Mais grâce à un sens aigu de l'observation, il a constitué un savoir sûr. Il a accordé sa confiance aux vertus des plantes, dans lesquelles il vit parfois la source de quelques forces surnaturelles.

D'un savoir populaire...

Autrefois, le paysan avait ses recettes. Il connaissait parfaitement son territoire, d'où il prélevait au moment opportun les plantes pour faire ses tisanes et ses onguents. Il savait que les arbres et les fleurs avaient la capacité de soigner certaines pathologies, ce qui sera souvent confirmé plus tard par les recherches scientifiques. Il faisait aussi confiance au curé guérisseur, au vieil homme réputé un peu sorcier ou au rebouteux, qui lui procuraient des remèdes secrets à base de plantes. Mais la guérison n'était pas toujours au rendez-vous. Les connaissances botaniques ont fini par devenir de plus en plus sûres et par se transmettre de génération en génération. Aujourd'hui encore, certaines peuplades continuent à se soigner avec des potions naturelles, héritées de leur ancêtres. Hélas, les sociétés modernes

L'Œillette

ont presque oublié ces savoirs anciens, s'en remettant désormais aux seules molécules de synthèse.

... au savoir scientifique

Durant l'Antiquité, Chinois, Indiens, Égyptiens et Romains pratiquent tous les soins par les plantes. Mais ce sont les Grecs qui font avancer le plus le savoir botanique. Ainsi, au Vᵉ siècle av. J.-C., le père de la médecine, Hippocrate, recommande déjà la feuille de saule pour faire baisser la fièvre. Deux siècles plus tard, le philosophe et naturaliste Théophraste décrit les vertus médicinales de plus de cinq cents espèces. Au Iᵉʳ siècle, c'est au tour de Dioscoride de rédiger son fameux *Traité de matière médicale*. Par la suite, le savoir botanique constitué par les Grecs est repris et répété sans cesse. Au Moyen Âge, savants et médecins arabes, moines et moniales, recopient les manuscrits anciens. Ils étudient aussi les plantes conseillées par le capitulaire *De Villis* (ordonnance datant de Charlemagne contenant une liste de fleurs, d'arbres, d'herbes... à cultiver dans l'empire) ou par les médecins de l'école de Salerne, en examinent les vertus et les dangers, et en plantent dans leurs jardins. Parmi les plus réputés érudits botanistes, Hildegarde de Bingen au XIIᵉ siècle, puis Albert le Grand au XIIIᵉ, connaissent parfaitement les écrits de leurs prédécesseurs et contribuent par leurs travaux à faire avancer le savoir botanique. À la Renaissance, l'Italien Pierre André Matthiole distingue les espèces de son pays des variétés étrangères. En Allemagne, Jérôme Bock et Léonard Fuchs, religieux appelés les « pères botanistes », créent des herbiers et approfondissent à leur tour la connaissance des plantes médicinales. Ailleurs en Europe, les Flamands Charles de l'Écluse et Mathias de l'Obel, ainsi que le Suisse Conrad Gesner, font de même. C'est aussi à cette époque que Paracelse fonde la théorie de la « signature », selon laquelle toute maladie trouve sa correspondance physique dans la plante, et donc son remède : par exemple, le souci, de couleur orange, est censé soigner la jaunisse. Dans ce renouveau des sciences botaniques, les voyageurs ne sont pas en reste et rapportent de contrées lointaines de nouvelles plantes médicinales, gingembre et séné, puis, plus tard, quinquina et eucalyptus. À la suite des grands botanistes des XVIIe et XVIIIe siècles, Joseph Pitton de Tournefort, Carl von Linné, les Jussieu..., s'imposent au XIXe siècle les chimistes et les pharmaciens, qui étudient les principes actifs des plantes. C'est à eux qu'on doit la découverte de la digitaline dans la digitale, de la morphine dans le pavot, de la quinine dans le quinquina... Aujourd'hui, plus de 40 % des médicaments de synthèse sont fabriqués à partir de copies de molécules naturelles de feuilles, d'écorces ou de racines. Cette pratique n'enlève rien aux vertus des plantes médicinales, qui gardent un potentiel curatif très grand. D'ailleurs, de nos jours, la confiance dans la chimie étant quelque peu remise en question, le recours aux plantes médicinales rassure.

AVERTISSEMENT

Les informations données dans cet ouvrage reflètent des connaissances communément admises au moment de sa rédaction. Ce livre n'a pas vocation à constituer un guide de plantes médicinales. Les illustrations, anciennes, comportent quelques erreurs et manquent de précision. En aucun cas, elles ne peuvent servir de modèles. Les méthodes d'identification des plantes sont très complexes. Il est donc indispensable de faire vérifier par un médecin ou un pharmacien toute plante cueillie dans la nature ou au jardin. De même, quel que soit son usage, interne ou externe, mieux vaut toujours consulter l'ouvrage d'un spécialiste qui précisera les doses et les principes d'utilisation de la plante. Certaines plantes présentent en effet des risques toxiques et méritent des précautions particulières, détaillées dans les textes de ce livre.

ACHILLÉE MILLEFEUILLE

Achillea millefolium

Cette plante emprunterait son nom à Achille, le célèbre héros de la guerre de Troie, qui s'en serait servi pour soigner sa blessure au talon. Mais cette anecdote semble aussi légendaire que ce guerrier grec, car l'achillée millefeuille, qui abonde dans les régions du centre et du nord de l'Europe, ne pousse pas en Grèce. Les feuilles sont découpées en fines lanières, et l'odeur est forte et camphrée. Les sommités blanches, parfois roses, fleurissent au cœur de l'été. On les emploie surtout pour leurs propriétés cicatrisantes, d'où les multiples surnoms donnés à la plante : herbe aux coupures, herbe militaire, herbe aux charpentiers... En usage externe, elles soignent les ulcères de la peau, les gerçures, les crevasses, les impétigos et les contusions. Autrefois, on s'en servait aussi en décoction pour lutter contre la gale du mouton. Les sommités fleuries sont un tonique digestif et, prises en infusion avant le repas, apéritives. En décoction, elles arrêtent les saignements de nez et décongestionnent les hémorroïdes. Plongées dans l'eau d'un bain de pieds, elles chassent les mauvaises odeurs de transpiration. Si l'achillée millefeuille semble une plante miracle, il faut savoir qu'elle est photosensibilisante. En conséquence, on doit protéger du soleil la zone traitée le temps de son utilisation. Cette plante est également allergisante, et elle est ainsi à déconseiller aux femmes enceintes.

LES PLANTES UTILES
MILLEFEUILLE

ALOÈS

Aloe barbadensis

Connue des Égyptiens, cette robuste plante vivace est originaire d'Afrique orientale. Elle a essaimé vers les régions chaudes de la Méditerranée, où elle s'est multipliée par simple bouturage. Aujourd'hui, elle abonde aussi dans les régions chaudes d'Amérique, où elle aurait été introduite par les Espagnols. On reconnaît cette plante dite « succulente », ou « grasse », à ses grandes feuilles charnues et à ses fleurs orangées étagées sur une longue tige raide. Des feuilles, on extrait un suc concentré à la couleur jaune et au goût amer, ainsi qu'un jus donnant un gel clair et mucilagineux, commercialisé sous le nom d'aloe vera. Selon la dose administrée quotidiennement, le suc est apéritif, laxatif ou purgatif. Le gel, quant à lui, est connu depuis l'Antiquité pour ses propriétés cicatrisantes remarquables. En compresse, l'aloès nettoie plaies et brûlures, et accélère la cicatrisation. Une anecdote historique raconte d'ailleurs qu'Alexandre le Grand, blessé par une flèche, l'utilisa pour guérir sa plaie infectée. En lotion, l'aloès soigne les irritations de la peau. Aujourd'hui, recherché en cosmétique, il figure dans la composition de démaquillants, de rouges à lèvres et de crèmes solaires comme agent hydratant. Il est aussi utilisé dans l'élaboration de crèmes luttant contre le vieillissement de la peau.

ALOÈS
GENRE DES LILIACÉES
ALOE

AMANDIER

Prunus amygdalus

Originaire d'Asie occidentale, l'amandier fut diffusé sur le pourtour méditerranéen et en Chine durant l'Antiquité. Jamais gêné par le soleil intense ou les fortes chaleurs, il pousse sur les sols arides et caillouteux. Ses fleurs blanches ou roses apparaissent avant les feuilles, et il peut produire aussi bien des amandes douces que des amandes amères. Si *Prunus amygdalus var. dulcis* donne les premières, cosmétibles, *Prunus amygdalus var. amara* produit les secondes, extrêmement toxiques. Hélas, rien ne permet de distinguer ces deux espèces dans la nature. Par sécurité, mieux vaut donc acheter ses amandes dans le commerce. Contrairement à l'amande amère, l'amande douce est très bénéfique à l'homme. Elle est nutritive, car elle est riche en vitamines B et E, en phosphore, en magnésium et en autres sels minéraux. Les diabétiques peuvent la consommer sans crainte, puisqu'elle est pauvre en glucides. En cosmétique, son huile - à condition qu'elle soit de première fraîcheur - est émolliente et adoucissante. Elle calme également les démangeaisons. En usage interne, elle soigne les inflammations digestives et la constipation. C'est aussi une excellente huile de table pour accompagner poissons et volailles, qui a toutefois comme défaut de rancir assez rapidement. Le lait d'amande et le sirop d'orgeat, une émulsion d'amande, de sucre et d'eau, sont très rafraîchissants.

AMANDIER

ANGÉLIQUE OFFICINALE

Angelica archangelica

Surnommée herbe des anges ou racine du Saint-Esprit, elle aurait été désignée par l'archange Gabriel comme remède à la peste durant le Moyen Âge. Grande et aromatique, elle pousse jusqu'en Scandinavie, où elle fait partie des plantes de jardin. Si les médecins de l'Antiquité ne la connaissaient pas, on lui prêtait, en revanche, au Moyen Âge des vertus magiques : portée en amulette, elle servait à conjurer un maléfice ou un envoûtement. Les propriétés de l'angélique sont nombreuses, ce qui explique qu'elle est fréquente dans les jardins. On peut confire feuilles et tiges pour les utiliser en confiserie ou en pâtisserie, ou employer la plante pour fabriquer des liqueurs, Chartreuse ou Bénédictine, dont les moines gardent jalousement le secret. Mais c'est surtout pour ses vertus médicinales avérées que l'angélique est recherchée. En infusion ou en décoction, les racines, les feuilles tendres et les graines stimulent les fonctions digestives. Elles agissent aussi sur le système nerveux en le tonifiant et en lui apportant l'équilibre. Les remèdes à base d'angélique conviennent donc aux personnes surmenées ou stressées. Il existe toutefois le danger de confondre l'angélique avec la grande ciguë, extrêmement toxique, qui possède le même port et les mêmes fleurs blanches en ombelles. Il est donc impératif de s'assurer auprès d'un spécialiste que c'est bien une angélique, si l'on en cueille dans la nature.

ANGÉLIQUE
GENRE DES OMBELLIFÈRES
ANGELICA ARCHANGELICA

ANIS VERT

Pimpinella anisum

D'origine proche-orientale, l'anis vert est connu et utilisé depuis l'Antiquité par les médecins grecs, latins, chinois et indiens. Le capitulaire *De Villis*, édicté par Charlemagne au début du IXe siècle, préconise de cultiver cette plante dans tout l'empire. Au XIXe siècle, différentes espèces sont cultivées en Touraine, en Albigeois et en Alsace. Aujourd'hui, la production d'anis est surtout concentrée en Europe du Sud et en Turquie. Les fruits de l'anis vert formaient, avec ceux de *Carum carvi* (ou anis des Vosges), du cumin et du fenouil, ce qu'on appelait autrefois les quatre semences chaudes majeures. Ces plantes étaient censées réchauffer le corps, soigner les troubles de la digestion, aider au sommeil, lutter contre la mauvaise haleine, atténuer palpitations et courbatures, favoriser la sécrétion lactée chez la jeune mère. L'anis a également d'autres usages, qui lui ont apporté quelque notoriété. Ainsi, enrobés de sucre, les grains entrent dans la fabrication des dragées de Flavigny. Quant à l'essence de l'anis, l'anéthol, elle est à la base de la fameuse anisette, cette boisson riche en alcool qu'inventa la Bordelaise Marie Brizard au XVIIIe siècle.

ANIS
GENRE DES OMBELLIFÈRES
PIMPINELLA

ARBOUSIER

Arbutus unedo

Ce petit arbuste croît à l'état naturel sur les côtes méditerranéennes et dans une moindre mesure sur les côtes bretonnes et irlandaises. Ses feuilles sont persistantes, ses fleurs blanches en forme de grelot et ses fruits rouge orangé hérissés de petites saillies rugueuses et gros comme des cerises. Les médecins romains ne lui accordaient guère d'intérêt : selon eux, les fruits étaient immangeables et provoquaient la migraine. Leur réputation resta longtemps mauvaise, et ils étaient même accusés de causer ivresse et vertiges. Aujourd'hui, la science a mis en évidence l'astringence de toutes les parties de l'arbuste : les feuilles, l'écorce et les fruits s'emploient en décoction pour lutter contre les infections du système urinaire. Les fruits peuvent être consommés frais, sans pour autant en abuser, car ils sont parfois alcoolisés après avoir fermenté sur l'arbre. Une consommation excessive peut aussi constiper. Côté douceurs, ils entrent dans la fabrication de délicieuses confitures – encore faut-il avoir la patience d'ôter tous les granules de leur peau !

ARBOUSIER

ARNICA

Arnica montana

Avec ses grandes fleurs jaune orangé, l'arnica se distingue des autres plantes à capitules de même couleur par ses deux petites feuilles opposées et situées au milieu de la tige. Il pousse sur des pâturages pauvres et à humus acide, de préférence en montagne. On le surnomme tabac des Vosges ou tabac des Alpes, rappelant ainsi l'usage que les paysans faisaient autrefois des feuilles. Absent de Grèce et d'Italie, l'arnica n'est pas connu des médecins de l'Antiquité et n'apparaît dans les textes médicaux qu'au milieu du XVIe siècle. Il est utilisé uniquement en usage externe, car, ingéré, il est toxique pour le système nerveux. En compresse, il soigne les troubles musculaires et les traumatismes sans plaie. Il adoucit également les coups et les contusions, d'où son surnom d'herbe des chutes. De culture difficile, il est cueilli à l'état sauvage pour alimenter les laboratoires pharmaceutiques. Mais cette cueillette a conduit à sa raréfaction, aggravée notamment par l'usage d'engrais qui tendent à modifier son milieu. Pour éviter sa disparition, l'arnica est protégé par une directive européenne depuis 1992. Ailleurs, en Amérique, on s'emploie à cultiver à grande échelle une espèce cousine, *Arnica chamissonis*, pour un usage pharmaceutique.

ARNICA
GENRE DES SÉNÉCIONIDÉES
PTARMICA

AUNÉE

Inula helenium

Robuste et vivace, l'aunée peut atteindre jusqu'à 2 mètres de haut. Elle est familière des fossés, des prairies humides et des jardins, où on la cultive pour ses belles fleurs jaunes qui s'ouvrent en été. Originaire d'Asie, cette plante fut, dès l'Antiquité, implantée dans les pays méditerranéens, puis dans l'Europe entière, où elle fut naturalisée. Au Moyen Âge, certains médecins s'en servaient pour soigner l'asthme, la bronchite, les troubles digestifs, les maladies cardiaques et même la peste. On lui a reconnu par la suite des propriétés antitussives, antiseptiques et antibiotiques, notamment pour lutter contre la tuberculose. De toutes les parties de la plante, c'est la racine qui agit le plus efficacement, car elle contient une huile essentielle appelée camphre de l'aunée. En décoction, l'aunée remédie à certains problèmes respiratoires, toux et spasmes bronchiques, mais aussi digestifs, en augmentant la production de bile. Sous forme d'onguent, elle soulage les dermatoses à champignons. Une pommade composée de poudre de racine, prélevée sur des sujets âgés d'au moins deux ans, et de saindoux est encore utilisée par les vétérinaires pour soigner la gale des animaux.

AUNÉE
GENRE DES COMPOSÉES
INULA HELENIUM

AVOINE

Avena sativa

L'avoine est une céréale originaire d'Asie occidentale. Au néolithique, elle gagne, avec le blé et l'orge, l'Europe, où elle est cultivée. Durant l'Antiquité, les Romains pensent que Germains et Gaulois, qui la consomment, jouissent grâce à elle d'une longue et belle vie. Malgré cette flatteuse réputation, l'avoine constitue pendant longtemps la base de l'alimentation pour les chevaux. L'homme s'en nourrit également, après l'avoir cuite à l'eau ou au lait, sous forme de gruau. Mais l'avoine est aussi une plante médicinale. Au Moyen Âge, elle sert à soigner les abcès du foie et la goutte. Au XIXe siècle, ce sont ses propriétés fortifiantes, vulnéraires et diurétiques qui sont valorisées. À cette époque, on prescrit aussi un cataplasme composé de grains complets et de vinaigre pour soulager maux de reins et rhumatismes. Aujourd'hui, on sait que la graine d'avoine est très énergétique. Elle tonifie et équilibre les nerfs, atténue l'insomnie et le stress. C'est pourquoi, le flocon d'avoine, riche en vitamine B, a la faveur des adeptes de la musculation, des jeunes enfants et des convalescents. Quant à la fibre d'avoine, elle permet de lutter contre l'excès de sucre dans le sang et le cholestérol. Côté cosmétique, le lait d'avoine, proposé en crème ou en huile, aide à hydrater peaux sèches ou irritées.

L'Avoine

BARDANE
Arctium lappa

C'est au cours de l'été, lorsque paraissent ses fruits, que la bardane est la plus visible dans la campagne. C'est le moment où ses gros capitules hérissés de petites bractées crochues s'accrochent aux toisons animales, aux vêtements et aux chevelures pour le plus grand amusement des enfants. Ce sont ces capitules qui ont inspiré l'inventeur de la bande Velcro en 1941. Les bienfaits de cette plante originaire de Sibérie sont connus depuis longtemps et n'ont jamais varié. Absorbées en infusion, racines et feuilles fraîches peuvent soigner les ulcères, les rhumatismes, la goutte et les furoncles. Elles agissent également sur toutes sortes de dermatoses, d'où le nom d'herbe aux teigneux donné à la plante. Dans les campagnes, on attribuait autrefois à la bardane un pouvoir antivenimeux après une morsure de serpent ou une piqûre de guêpe. On l'utilisait contre la toux du mouton et la gale du chien. On consommait également ses longues racines, semblables à des salsifis, à la fin de l'hiver. D'ailleurs, la bardane mériterait bien d'être cultivée à nouveau dans les jardins potagers ! Un seul inconvénient : elle est envahissante.

BARDANE
GENRE DES COMPOSÉES
BARDA

BLEUET

Centaurea cyanus

« La lumière [...] foulait les grandes jachères couvertes de bleuets ; elle en faisait de la chaux à peine bleutée. Elle s'attachait aux poils des fleurs et y pétillait [...]. » Le paysage, fortement marqué par la présence du bleuet, et si joliment décrit ici par Jean Giono, n'est aujourd'hui plus qu'un doux souvenir. Maltraitée par les produits chimiques, la fleur est en effet beaucoup moins présente dans les campagnes ! Originaire du Moyen-Orient comme le coquelicot, elle progressa vers l'Occident avec l'extension de la culture des céréales, qu'elle accompagne souvent. Durant l'Antiquité, on semble l'ignorer en tant que plante médicinale. Il faut attendre la Renaissance pour que lui soient reconnues des propriétés antiseptiques et anti-inflammatoires. C'est un bon remède pour les maladies des yeux, conjonctivites, inflammations des paupières ou orgelets. Le bleuet en a d'ailleurs tiré le surnom de casse-lunettes. Il est utilisé sous forme d'eau florale qu'on applique avec des compresses. Cette fameuse eau de bleuet est facile à fabriquer en préparant une décoction de 30 grammes de fleurs fraîches bouillies durant cinq minutes dans 1 litre d'eau.

CENTAURÉE BLEUET

BOUILLON-BLANC

Verbascum thapsus

Au cœur de l'été, cette robuste plante familière des lieux incultes déploie de larges feuilles blanchâtres, épaisses et duveteuses – elles sont connues pour remplacer le papier toilette dans la nature. Ses fleurs jaunes pointent les unes après les autres, sur une tige raide comme un cierge. Autrefois, elles entraient dans la composition de bouquets d'herbes qu'on bénissait le jour de l'Assomption, le 15 août, d'où son nom populaire de cierge de Notre-Dame. Grecs et Romains connaissaient déjà les propriétés médicinales de cette plante. Le bouillon-blanc fait partie des plantes pectorales, avec la guimauve, la mauve, le tussilage, la violette, le coquelicot et l'antennaire. Elles sont toutes réputées pour leurs vertus expectorantes et émollientes, calmant la toux rauque et soulageant les coups de froid, soignant les affections respiratoires et digestives. Elles facilitent aussi le sommeil. Si les feuilles et les racines sont utilisées, ce sont surtout les fleurs qui composent les remèdes, car elles sont riches en mucilage, cette substance végétale d'aspect visqueux qui calme les irritations. Elles doivent être cueillies dès leur éclosion pour être rapidement mises à sécher en un lieu bien aéré. Attention ! en infusion, elles seront filtrées avec soin, car elles contiennent des petits poils irritants. En cataplasme, les feuilles bouillies dans du lait soignent brûlures et engelures.

BOUILLON BLANC
GENRE DES SCROPHULARINÉES
VERBASCUM THAPSUS

BOURRACHE OFFICINALE

Borago officinalis

Dès le mois d'avril, la bourrache sort ses fines corolles, petites étoiles bleues dont raffolent les abeilles. Elle pousse près des habitations, autour desquelles le sol est riche en azote. Ses épaisses feuilles vert foncé sont hérissées de poils raides et piquants. Probablement originaire du Moyen-Orient, la bourrache abonde surtout dans le Midi, où on la cultivait jadis comme plante alimentaire : Olivier de Serres, célèbre agronome du XVIe siècle, en appréciait le goût prononcé de concombre. Aujourd'hui, les fleurs accompagnent les mets les plus recherchés des restaurants étoilés. Mais ce n'est pas tout ! Feuilles et tiges sont diurétiques, émollientes, sudorifiques et dépuratives. Préparées en cataplasme, elles servent aussi à soigner les affections respiratoires, certaines maladies des reins et la goutte. Extraite des graines, l'huile grasse de bourrache fait baisser le cholestérol et possède des effets anti-âge.

BOURRACHE
GENRE DES BORRAGINÉES
BORRAGO

BRUYÈRE CENDRÉE

Erica cinerea

La bruyère cendrée, *Erica cinerea*, et la callune, *Calluna vulgaris*, appartiennent à la même famille, les éricacées, et possèdent des propriétés médicinales presque semblables. Ces deux plantes portent des petites feuilles coriaces et des fleurs roses ou mauves. Elles poussent en groupe sur des terrains acides et pauvres en sels minéraux, où elles forment une végétation de lande caractéristique. À partir de la Renaissance, on les utilise pour soigner la maladie de la pierre, nom qui désigne les calculs rénaux. Mais ce n'est qu'au début du XXe siècle qu'on reconnaît à ces plantes de réelles vertus diurétiques et antiseptiques des voies urinaires. En décoction, elles soulagent la cystite, inflammation de la vessie. Les principes actifs se trouvent surtout dans les sommités fleuries, lesquelles se prélèvent au début de l'été pour la bruyère cendrée ou à la fin de la saison pour la callune vulgaire. Également de la même famille, la busserole, *Arctostaphylos uva-ursi*, est, en raison de sa forte astringence, plus efficace encore pour soigner les maladies urinaires et rénales.

BRUYÈRE.

CAMOMILLE ROMAINE

Chamaemelum nobile

Son nom vernaculaire de camomille romaine ne désigne en rien son origine, car les Romains ne la connaissaient pas. Elle est surtout fréquente dans l'ouest de la France, sur les rivages sableux de l'Atlantique. Elle appartient à une famille de plantes qui se ressemblent beaucoup et qu'on peut facilement confondre : camomille allemande, camomille puante, fausse camomille et camomille des teinturiers. Toutes ces camomilles ont des propriétés médicinales presque similaires. Vivace, la camomille romaine possède des tiges couchées, des feuilles finement découpées et des capitules bombés, jaunes au centre et blancs en périphérie, que l'on prélève par temps sec, au début de l'été. Son odeur est agréable, et sa saveur plutôt amère. La camomille reste peu connue jusqu'au XVIe siècle. Ses bienfaits ayant été ensuite découverts, elle est cultivée dans les jardins avec d'autres variétés. On sait que ses infusions de fleurs séchées ouvrent l'appétit, facilitent la digestion et aident à expulser les gaz intestinaux. Elles sont également recommandées pour calmer les maux de tête et de gorge. Des compresses imbibées d'eau de camomille sont indiquées pour soulager conjonctivites et panaris ; elles cicatrisent aussi les plaies. En soins de beauté, les shampooings à la camomille sont réputés éclaircir les cheveux.

CAMOMILLE
GENRE DES COMPOSÉES
CAMOMILLA

CHANVRE

Cannabis sativa

Le chanvre, ou cannabis, est une plante annuelle qui peut atteindre jusqu'à 1,50 mètre de haut. Elle est dotée de feuilles en forme de doigts et de toutes petites fleurs, comme celles des orties. Les variétés de chanvre sont nombreuses. Avant d'être considérées comme une drogue interdite à la consommation dans la plupart des pays, elles étaient cultivées depuis longtemps, certaines servant à fabriquer des cordages grâce à la qualité de leur filasse, d'autres à confectionner des vêtements ou des draps rêches qu'on se transmettait de mère en fille. Résidus de graines riches en protéine, les tourteaux de quelques variétés servaient à nourrir le bétail. On extrayait aussi des sommités florales de l'huile alimentaire, aujourd'hui encore commercialisée. Quant aux variétés riches en résine, elles sont à la fois narcotiques et stupéfiantes. Elles provoquent chez leurs utilisateurs une certaine forme d'ivresse, censée être réjouissante, avant de les plonger dans un sommeil lourd, voire hallucinatoire. Mais elles ont aussi des propriétés médicinales. On les recommande surtout pour calmer les névralgies et les douleurs rhumatismales. Quant à leurs fruits, les chènevis, consommés régulièrement, ils font baisser efficacement le cholestérol.

Le Chanvre

CHÉLIDOINE

Chelidonium majus

Proche parente du coquelicot, la chélidoine s'en distingue toutefois par ses fleurs jaunes. Accoutumée aux terrains vagues, elle fleurit à l'arrivée des hirondelles. C'est d'ailleurs à cet oiseau, *chelidôn* en grec, qu'elle doit son nom. Moins poétique est son surnom d'herbe aux boucs, que lui vaut son odeur nauséabonde. Très répandue, la chélidoine était connue des Grecs et des Romains, qui lui attribuaient maintes propriétés médicinales, transmises ensuite par les croyances populaires. Ainsi, fut-elle longtemps recommandée pour soigner les problèmes ophtalmiques, d'où son autre surnom de grande éclaire. On prêtait aussi au suc jaune extrait de ses tiges la vertu de guérir la jaunisse et les maladies du foie. Aujourd'hui, aucune de ces propriétés n'ont été prouvées par la science. Toutefois, la chélidoine fait toujours partie de plusieurs remèdes de grands-mères. En usage externe, elle est recommandée pour supprimer efficacement les verrues tenaces. Quant à son usage interne, il exige de prendre de grandes précautions, car la plante contient, surtout dans sa partie souterraine, des alcaloïdes puissants, tous toxiques. Ainsi, il ne faut employer la chélidoine qu'une fois séchée et ne jamais dépasser les doses prescrites.

LES PLANTES UTILES
CHÉLIDOINE

CHIENDENT

Elytrigia repens

Ses tiges raides, ses épillets (petits épis) aplatis et sa haute taille (jusqu'à 1 mètre) sont moins caractéristiques que ses rhizomes rampants, qui se propagent dans tous les sens et se reproduisent à foison. Ces derniers lui valent son surnom de traînasse. Le chiendent suscite des sentiments partagés. Agriculteurs et jardiniers le considèrent comme une mauvaise herbe difficile à extirper, alors que les herboristes l'apprécient pour ses propriétés médicinales. En tisane, le chiendent est en effet diurétique, dépuratif, antiseptique, émollient et sudorifique, propriétés que soulignaient déjà le Grec Dioscoride et le Romain Pline l'Ancien, deux grands naturalistes de l'Antiquité. Les rhizomes sont riches en hydrates de carbone, en mucilage, en vitamines A et B. Autrefois, les paysans avaient recours aux rhizomes de chiendent en temps de famine pour les transformer en farine, avec laquelle ils fabriquaient un pain peu nourrissant. Ils pouvaient également servir d'ersatz de café, être changés en sucre et même en bière. Les chiens eux-mêmes apprécient instinctivement le chiendent pour se purger, d'où son autre surnom de laitue de chien.

CHIENDENT
GENRE DES GRAMINÉES
TRITICUM REPENS

DIGITALE

Digitalis purpurea

Très caractéristiques de la digitale, les corolles, de couleur carmin et pendant toutes du même côté, ont la forme de doigts de gants. Elles donnent à la plante ses surnoms de gant de Notre-Dame et de doigt de la Vierge. Au printemps, la digitale, qui pousse en groupe, forme avec ses congénères de ravissants tapis fleuris aux endroits où le soleil joue avec l'ombre, sur les talus sableux ou à la lisière des bois. Mais sa beauté est égale à sa toxicité : ses feuilles contiennent des molécules dangereuses, les hétérosides, qui peuvent entraîner la mort. La digitale est toutefois un excellent tonicardiaque, agent augmentant la force de contraction du cœur, que seuls les médecins peuvent prescrire sous forme de médicaments pour réguler la fonction cardiaque. William Withering, médecin anglais de la fin du XVIIIe siècle, est le premier à avoir constaté les propriétés bénéfiques de la plante sur le cœur en découvrant la digitaline contenue dans les feuilles. Par la suite, les chercheurs ont appris à contrôler cette molécule pour en faire un remède efficace.

DIGITALE
GENRE DES SCROFULARINÉES
DIGITALIS

ÉPINE-VINETTE

Berberis vulgaris

Cet arbrisseau aux épines acérées est fréquemment utilisé dans les jardins pour former des clôtures. Ses petites fleurs jaunes sortent en grappes à la fin du printemps, suivies à l'automne par des baies rondes, jaunes ou rouges, selon les variétés. Autrefois, les femmes polissaient son bois souple pour fabriquer des objets en marqueterie. Elles utilisaient aussi son écorce pour se préparer des infusions toniques et digestives. À partir des baies aigrelettes, fraîches et sucrées, elles faisaient des gelées, des confitures et des boissons fermentées, riches en vitamine C. Elles les confisaient aussi comme des câpres. Des racines jaunes et des fruits rouges, elles tiraient des colorants pour teindre leurs étoffes. Les paysans, quant à eux, se méfiaient énormément de l'arbrisseau, car ils le soupçonnaient de propager la rouille, cette maladie due à des champignons qui pouvait anéantir rapidement toute une récolte. Depuis, la science leur a donné raison. Aujourd'hui, on sait que, à l'exception des baies, tout l'arbrisseau est toxique : il contient de la berbérine, un alcaloïde puissant. Néanmoins, sous contrôle médical strict, une infusion ou une décoction d'écorce permettent de soulager une digestion difficile et de stimuler l'organisme en cas de forte fatigue.

ÉPINE-VINETTE
GENRE DES BERBÉRIDÉES
BERBERIS VULGARIS

EUCALYPTUS

Eucalyptus globulus

C'est en 1792 que la mission Bruny d'Entrecasteaux, partie dans le Pacifique à la recherche de l'expédition perdue de Lapérouse, découvre l'eucalyptus en Tasmanie. C'est un arbre de grande taille, pouvant atteindre jusqu'à 50 mètres de hauteur. Il est doté d'un tronc s'exfoliant et d'un feuillage épais et coriace. Ses jeunes feuilles sont bleutées alors que les plus âgées tirent vers un vert soutenu. Aujourd'hui, cet arbre s'est adapté un peu partout dans le monde, notamment dans les régions méditerranéennes. Exploité pour son bois et ses huiles essentielles, il pose toutefois quelques problèmes écologiques : ses feuilles, qui ne se décomposent pas, forment une litière sèche et pauvre en humus qui stérilise les sols. L'eucalyptus est également extrêmement sensible aux risques d'incendie. Son principe actif, l'eucalyptol, se trouve dans les feuilles récoltées sur les rameaux les plus âgés puis séchées. Sous forme de suppositoire, de pastille, d'infusion ou de sirop, l'eucalyptus soigne efficacement l'asthme et la bronchite, et calme la toux. Son charbon de bois est également reconnu pour agir contre toute forme d'intoxication, en absorbant les toxines intestinales.

EUCALYPTUS
GENRE DES MYRTACÉES
EUCALYPTUS GLOBULUS

FENOUIL

Foeniculum officinalis

Originaire du bassin méditerranéen, le fenouil a essaimé vers l'Inde et la Chine. En France, il entre dans les jardins des monastères dès le Moyen Âge. Aujourd'hui, il est placé dans le carré des plantes aromatiques et culinaires pour parfumer un poisson, par exemple. Mais on le trouve aussi dans la nature, où il pousse spontanément. Lors de journées chaudes, on peut sentir son odeur anisée près des talus secs et exposés au soleil. On le reconnaît à ses longues tiges striées, à ses feuilles finement découpées et à ses larges ombelles portant de minuscules fleurs jaunes. Autrefois, on pensait qu'il était capable de guérir toutes sortes de maladies, physiques et mentales, y compris la mélancolie. Il faisait partie de la liste des quatre semences chaudes majeures, plantes considérées comme apéritives et carminatives. Il entrait également dans la composition du sirop des cinq racines, ancienne préparation médicale diurétique, avec l'ache, l'asperge, le persil et le petit houx. Aujourd'hui, la science lui reconnaît surtout des propriétés digestives, expectorantes et cicatrisantes. Le miel de fenouil est conseillé pour soigner le rhume et, en cas de conjonctivite chronique, une infusion de graines s'avère efficace pour nettoyer les yeux.

FENOUIL
GENRE DES OMBELLIFÉRES
FOENICULUM VULGARE

GENÉVRIER

Juniperus communis

Petit conifère épineux et touffu, le genévrier pousse sur les coteaux calcaires et les landes acides, ainsi que dans les tourbières – la lumière est sa seule exigence. Dans les années 1960, il abondait encore sur ces zones laissées au libre pâturage des chèvres et des moutons, qui s'écartaient naturellement de ses rameaux aigus. Aujourd'hui, avec l'abandon du pâturage, le genévrier se raréfie, mettant en péril son usage très ancien par l'homme. Dès le néolithique, les cendres des branches, aromatiques, servaient en effet déjà à fumer les viandes. Beaucoup plus tardivement, les paysans recherchèrent plutôt le genévrier pour ses cônes charnus, appelés baies, qu'on utilisait comme condiments pour la choucroute ou comme ingrédients pour des boissons digestives, genièvre ou gin. Depuis, la science a démontré que ces baies sont, en usage interne, diurétiques, tonifiantes et expectorantes ; elles stimulent également l'appétit et favorisent la digestion. Attention, infusions et décoctions sont toutefois formellement déconseillées aux femmes enceintes et aux personnes souffrant d'infection ou d'inflammation rénale. En friction, l'essence de genévrier est recommandée pour soulager l'arthrose et les douleurs rhumatismales.

GENÉVRIER

GENTIANE JAUNE

Gentiana lutea

Poussant dans les montagnes d'Europe et du Proche-Orient, la gentiane égrène le long de sa tige robuste des fleurs jaunes. Elle est habituée aux hivers rigoureux, aux printemps courts et aux étés ensoleillés. Elle est connue depuis l'Antiquité. Grecs et Romains lui accordaient mille et une propriétés : antidote à la morsure des serpents, remède contre la peste, contre les maladies du foie... Avant la découverte du quinquina, au milieu du XVIIe siècle, on l'utilisait pour réduire la fièvre. Aujourd'hui, la gentiane tend à disparaître : ses racines étant très recherchées pour leurs propriétés médicinales, la plante fait l'objet d'arrachages abusifs. En usage interne, la gentiane est reconnue pour stimuler la circulation du sang ou une vésicule biliaire paresseuse. On lui reconnaît également des propriétés apéritives et digestives, c'est pourquoi on la rencontre dans la composition de nombreuses liqueurs et alcools des régions montagneuses (Auvergne, Jura, Savoie).

LES PLANTES UTILES
GENTIANE

GÉRANIUM HERBE À ROBERT

Geranium robertianum

Le géranium herbe à Robert est très commun le long des chemins ombragés et des lisières forestières. Son nom ne provient pas du prénom Robert, mais du latin *ruber*, « rouge », la teinte dominante de sa tige. Ses feuilles dégagent une odeur un peu forte due à son huile essentielle lorsqu'on les froisse entre les doigts. Ses fleurs rouges tirent sur le rose, et son fruit est nommé bec de grue en raison de sa ressemblance avec celui de l'oiseau. Au VIIIe siècle, l'évêque de Salzbourg aurait découvert à ce géranium des propriétés hémostatiques, c'est-à-dire capables d'arrêter les hémorragies. On lui a également attribué des vertus pour soigner les calculs rénaux, les inflammations mammaires et les ulcères de la bouche. Mais, aujourd'hui, seuls les usages externes de la plante sont reconnus : en lotion, le géranium herbe à Robert soigne la conjonctivite ; en gargarisme, il agit sur les gingivites et les stomatites ; en cataplasme, il favorise la guérison des infections de peau.

HERBE A ROBERT
Geranium Robertianum

GINGEMBRE

Zingiber officinale

Le gingembre est une herbacée vivace, aux feuilles en forme de sabre, originaire d'Asie, de Chine ou d'Inde. Il se plaît dans les régions au climat chaud et humide. Il emprunte son nom au sanscrit, *shringavera*, qui signifie « en forme de bois de cerf » et désigne le rhizome. Au Iᵉʳ siècle ap. J.-C., le médecin et botaniste grec Dioscoride le préconise à ceux qui souffrent de l'estomac. Au Moyen Âge, Marco Polo en fait une description précise lors de son voyage en Chine. Arabes et Perses l'importent déjà par les caravanes de la route de la soie ou par les bateaux qui commercent le long des côtes d'Arabie. À la même époque, les croisés, qui l'apprécient également, l'apportent en Europe, où il fait office d'épice pour remplacer le poivre, trop cher. Cet usage aromatique est encore courant en Grande-Bretagne, aux États-Unis et en Australie, où on utilise le gingembre dans plusieurs pâtisseries, à l'instar des *ginger breads*. On le rencontre aussi dans d'autres cuisines du monde, comme en témoignent le massala indien, les sushis japonais, le *ginger ale* canadien… Au XVIᵉ siècle, le gingembre poursuit son voyage jusqu'au Nouveau Monde, où l'on se met à le cultiver. Quels que soient l'époque ou le pays, il est surtout recherché pour son rhizome : de saveur épicée et brûlante, il est carminatif – il favorise l'expulsion des flatulences –, réduit les nausées et les vomissements, facilite la digestion.

LE GINGEMBRE

GUIMAUVE OFFICINALE

Althaea officinalis

Grande plante vivace, la guimauve officinale porte de jolies fleurs rose pâle à cinq pétales, ainsi que des feuilles veloutées et duveteuses. Elle croît dans les prairies humides et riches, surtout celles qui sont proches du littoral. Il semblerait qu'elle soit originaire des steppes d'Asie et qu'elle ait, de proche en proche, gagné l'Occident. Au Ier siècle, le médecin grec Dioscoride lui attribue toutes sortes de bienfaits, parfois inattendus ; ainsi, elle faciliterait l'accouchement. Au Moyen Âge, la guimauve officinale est présente dans les jardins de simples des monastères et dans ceux des paysans, où elle est cultivée pour remédier aux migraines. Aujourd'hui, on sait que toute la plante, et en particulier la racine, contient des sels minéraux et de la vitamine C. Elle est surtout dotée de mucilages, qui rendent l'espèce pectorale et émolliente. Grâce à ces agents naturels adoucissants, une décoction pulvérisée sur la peau la rend plus douce. Quant aux infusions, elles sont réputées calmer les irritations de la gorge, les toux sèches et les inflammations diverses. Autrefois, on donnait aussi aux nourrissons tourmentés par la poussée des dents un bout de racine à mâchonner. Ce remède est aussi efficace pour apaiser l'inflammation des gencives.

LES PLANTES UTILES
GUIMAUVE.

HOUBLON

Humulus lupulus

Le houblon est une liane familière des haies bordant les ruisseaux, et des bois frais et humides. Il possède des fleurs femelles, sortes de cônes ronds comme des noisettes disposées en grappes pendantes. Longue de 5 à 6 mètres, sa tige s'enroule autour d'un arbuste support. Le houblon est cultivé dans les régions à climat tempéré, doux et humide. Depuis le XIe siècle environ, ses inflorescences entrent dans la fabrication de la bière, et lui procurent son amertume bien connue. On attribue au houblon depuis longtemps de nombreuses propriétés médicinales, dont certaines sont aujourd'hui sujettes à caution. Au XIIe siècle, il était réputé efficace pour lutter contre la mélancolie, ce qui est peu probable. Le houblon est toutefois indiqué en cas de règles douloureuses et de toutes sortes de troubles féminins venant après la ménopause. Il aurait aussi un effet œstrogénique. Chez l'homme, ses propriétés anaphrodisiaques sont prouvées, surtout s'il abuse de bière ! On sait de manière certaine que le houblon tonifie l'estomac et soulage l'anxiété. On le conseille aussi en cas d'insomnie. Ainsi, il existe deux solutions pratiques pour trouver le sommeil : placer un oreiller rempli de cônes sous sa tête ou boire une infusion de houblon avant de se coucher.

HOUBLON

LAURIER-SAUCE

Laurus nobilis

Probablement originaire d'Asie Mineure, cet arbuste constamment vert a des feuilles coriaces et des fruits qui ressemblent à de petites olives. La liste de ses surnoms est interminable : laurier noble, laurier d'Apollon, laurier à jambon... Chacun d'entre eux témoigne de l'usage et de l'importance du laurier au cours de l'histoire, depuis son association au dieu Apollon par les Grecs jusqu'à son emploi aujourd'hui comme plante aromatique. Durant l'Antiquité, on posait une couronne de laurier sur la tête des vainqueurs comme distinction honorifique et symbole de gloire. Elle devint un attribut des empereurs romains pour représenter leur autorité sur l'armée. On prêtait également au laurier le pouvoir de chasser la foudre, de purifier l'air et l'eau, d'éloigner les forces maléfiques. Le Moyen Âge en fit une véritable panacée. Il était censé guérir toutes sortes de maladies, même les plus improbables, comme l'obstruction de la rate ou l'angine de poitrine. Aujourd'hui, si le laurier-sauce a été relégué au rang de simple plante culinaire, garante de l'excellence d'un bouquet garni, on ne doit pas occulter ses réelles vertus médicinales : en infusion, il est apéritif, expectorant en cas de bronchite et facilite la digestion ; en pommade, en huile ou en baume, il soulage les rhumatismes et les torticolis.

LE
LAURIER SAUCE

LAVANDE FINE

Lavandula officinalis

Tout le monde connaît la lavande et son odeur pénétrante et exquise, qui fleure bon les collines ensoleillées et rocailleuses de la Provence. Si elle pousse spontanément sur les coteaux calcaires arides et d'altitude moyenne (de 400 à 1 800 mètres) de la Méditerranée occidentale, elle est surtout aujourd'hui cultivée, en rangs serrés. Mais il s'agit alors du lavandin, hybride stérile de la lavande vraie (*Lavandula vera*) et de la lavande aspic (*Lavandula spica*). Durant l'Antiquité, les Romains aimaient parfumer l'eau du bain de lavande. C'est de cet usage que la plante tire son nom : lavande vient du mot latin *lavare,* qui signifie « nettoyer avec de l'eau ». Cette plante a mille et une utilisations. En petits sachets, elle fait fuir les poux, éloigne les mites et les parasites, et embaume le linge de maison dans les armoires. En infusion, elle est apéritive et digestive. Sous cette forme, elle est aussi sédative et calme les migraines. Un sachet de lavande glissé dans l'oreiller ou un massage sur les tempes avec de l'huile essentielle ont les mêmes effets. En usage externe, sous forme de teinture avec de l'alcool ou d'huile, la lavande est cicatrisante, balsamique en cas de bronchite, et soulage goutte, piqûres d'insectes, brûlures et rhumatismes. Autre propriété : elle favorise la bonne humeur et réduit le stress.

LAVANDE
GENRE DES LABIÉES
LAVANDULA

LIERRE TERRESTRE

Glechoma hederacea

Il n'a de lierre que le nom ! Car, excepté son ancrage au sol, il ne ressemble en rien à son homonyme qui a l'habitude de s'aggriper sur les murs. Cette plante d'ombre, fréquentant les jardins abandonnés, les haies et les vergers délaissés, est vivace, petite et discrète. Elle pointe ses fines corolles d'un joli bleu au cœur du printemps, quand les arbres n'ont pas encore leurs feuilles. Elle a des tiges rampantes, des petites feuilles crénelées et rondes, parfois rougeâtres, et une odeur pénétrante, qui peut être déplaisante. Depuis le Moyen Âge, elle entre dans la composition de remèdes populaires. Elle aurait même des vertus magiques. Elle influait sur la digestion, chassait la jaunisse et les vers intestinaux. Elle pouvait aussi faciliter la cicatrisation d'une méchante plaie. On prétendait même qu'elle guérissait la folie ! Aujourd'hui, sont surtout reconnues ses propriétés pectorales : en infusion, le lierre terrestre soigne toux bronchique, catarrhe pulmonaire, asthme, ainsi qu'affections pulmonaires avec fortes expectorations. En compresse, il soulagerait aussi les hémorroïdes.

LIERRE TERRESTRE
GENRE DES LABIÉES

GLECHOMA HEDERACEA

LIN

Linum usitatissimum

Autrefois, le lin avait sa place dans tous les jardins paysans, avec le chanvre textile et quelques arbres fruitiers. La plante est précieuse. Et pour cause ! On en tire une fibre textile pour confectionner vêtements, torchons et draps. Les peintres ont su l'apprécier autant pour la toile solide et dure qu'elle fournit que pour son huile, qui procure une brillance incomparable à leurs œuvres. Le lin donne aussi des graines aux propriétés médicinales : broyées puis saupoudrées de farine de moutarde, elles entrent dans la composition de cataplasmes chauds qui, posés à même le corps, soulagent diverses inflammations, respiratoires, digestives ou articulaires. De plus, ces graines font d'excellents remèdes contre la constipation. Aujourd'hui, l'huile fraîche de lin est fréquemment employée comme laxatif.

LES PLANTES UTILES
LE LIN

MAÏS

Zea mays

Le maïs est américain. Rapporté par les Espagnols, il arrive en Europe en 1520. Au fur et à mesure de sa diffusion sur le Vieux Continent, on lui donne des noms différents : blé d'Espagne, blé des Indes et blé de Turquie. Puis, lorsqu'il s'implante durablement dans le sud-est et l'est de l'Hexagone, il est appelé blé de France. Il devient vite un aliment providentiel : sous forme de galettes ou de bouillies, il nourrit la famille et aide à passer le cap difficile des temps de disette. Hélas, à ne manger que du maïs, les paysans étaient sujets à la pellagre, dite « maladie de la peau aigre », qui se manifeste par des dermatoses, voire des formes de démence. Aujourd'hui, il est prouvé que le maïs est une plante bénéfique. Dépourvue de gluten, sa farine remplace avantageusement celle du blé. Elle protège la muqueuse intestinale et aide les personnes anémiées à se refaire une santé. Riche en acides gras insaturés, son huile permet de réduire le cholestérol. Les stigmates, qui forment la « chevelure » du maïs, ont aussi des propriétés curatives : ils sont fortement diurétiques et dépuratifs, ce qui est très utile pour soulager les jambes enflées, la goutte ou l'arthrite.

LES PLANTES UTILES
LE MAÏS

MARRUBE BLANC

Marrubium vulgare

Plante familière du Midi, des décombres, des coteaux bien exposés et des franges des jardins, le marrube blanc est une petite plante pleine de vertus, ce qui lui a valu certainement son surnom de bonhomme. Durant l'Antiquité, on l'utilisait pour soigner nombre d'affections respiratoires. Le médecin grec Dioscoride disait d'ailleurs à son propos qu'il « arrachait les humeurs épaisses de la poitrine ». Les moines herboristes du Moyen Âge, puis les médecins des siècles suivants, lui reconnurent les mêmes propriétés et d'autres, concernant les maladies du foie, la jaunisse, les vers, les seins engorgés... Aujourd'hui, les vertus du marrube sont mieux identifiées et, pour la plupart, confirmées par la science. La plante est surtout un excellent expectorant, qui calme la toux, fluidifie et élimine les sécrétions des muqueuses. On peut également s'en servir comme digestif, et la conseiller à ceux qui ont perdu l'appétit. Ses sommités fleuries fraîches font de très bonnes tisanes, qu'on sucre avec du miel.

MARRUBIUM VULGARE. MARRUBE COMMUN.

MAUVE

Malva sylvestris

L'été, la mauve est partout, au bord des haies et des sentiers, dans les friches et les coupes de bois. Ses fleurs d'un joli mauve veiné de pourpre sombre sont constamment tournées vers le soleil. Séduits par la fleur, Grecs et Romains la semaient près des tombes afin qu'elle procure aux défunts sérénité et paix éternelle. Ils la consommaient en légume. Le célèbre auteur romain Cicéron, qui aimait se régaler de ragoûts de mauve, devait, hélas, ensuite en éprouver chaque fois les désagréables effets laxatifs. À cette époque, on la prenait aussi en tisane, en décoction et cataplasme pour soigner des maladies, surtout inflammatoires. L'admiration qu'elle suscitait durant l'Antiquité ne faiblit pas avec le temps : Olivier de Serres, fameux agronome du XVIe siècle, considérait qu'elle était « singulière pour soigner les dents ». On la conseillait aussi pour réduire la constipation des enfants et des adultes. On croyait qu'une seule tisane matinale insufflait, à qui la buvait, de la sérénité pour la journée entière et le prémunissait contre la maladie. Aujourd'hui, on sait avec certitude que la mauve est riche en mucilage, agent naturel adoucissant. De fait, elle agit bénéfiquement sur la toux. En usage interne, elle est sédative et laxative. En usage externe, sous forme de gargarisme, de décoction ou de cataplasme, elle fait merveille contre les affections de la peau et de la bouche.

LES PLANTES UTILES
MAUVE

MÉLISSE

Melissa officinalis

Venue d'Orient, cette plante fréquente aujourd'hui les jardins européens. De ses feuilles froissées, se dégage une fine odeur de citron et de géranium, très agréable, et elle fournit aux abeilles un nectar parfumé. Si Dioscoride et Pline l'Ancien la connaissent, ce sont surtout les Arabes qui, à partir du Xᵉ siècle, la conseillent comme un remontant capable de chasser l'insomnie et les soucis, de rendre joyeux et de calmer les palpitations de l'angoisse. Au XIᵉ siècle, Avicenne, le célèbre médecin persan, affirme que la mélisse « réjouit et réconforte le cœur ». Au XVIIᵉ siècle, des moines parisiens en font l'essence de la fameuse eau des carmes. Ce cordial, boisson agissant sur le cœur, résulte de la distillation d'un mélange de mélisse fraîche, d'alcool et de vin blanc, aromatisé d'épices au nombre et à la quantité tenus secrets. Il eut longtemps la faveur des dames, qui en faisaient grand usage comme digestif. Aujourd'hui, on recommande une infusion de feuilles séchées dans les cas de digestion lente et de ballonnements. Cette plante se montre également efficace contre les troubles du sommeil, le stress, la dépression et l'anxiété. En compresse, elle est conseillée dans le traitement de l'herpès.

MÉLISSE
GENRE DES LABIÉES
MELISSA OFFICINALIS

MENTHE

Mentha pulegium, M. piperita et M. viridis

Tout le monde connaît la menthe et son odeur si caractéristique. Il en existe d'innombrables espèces difficiles à distinguer les unes des autres. Parmi elles, la menthe pouliot, *Mentha pulegium*, possède des propriétés connues depuis fort longtemps. Au Ve siècle av. J.-C., le célèbre médecin grec Hippocrate lui attribuait déjà des vertus aphrodisiaques. Ses successeurs la citaient comme remède contre la morsure de serpent, la lassitude, la toux, la colique, la nausée, la fièvre… Il suffisait en outre de brûler quelques fleurs fraîches pour nettoyer des lieux infestés par les puces. Cette propriété insecticide a valu à la menthe pouliot son nom scientifique, *pulegium* signifiant « puce » en latin, ainsi que son surnom de chasse-puce. Aujourd'hui, la menthe pouliot est surtout employée comme tonique digestif. Elle est conseillée en inhalation pour soigner un rhume tenace ou soulager des affections de la bouche. La menthe poivrée (*Mentha piperita*) et la menthe verte (*Mentha viridis*), que les Américains nomment *spearmint*, ont quasiment les mêmes propriétés. Fraîches, les feuilles de menthe parfument aussi le thé mauritanien ou marocain, elles éloignent les souris, qui n'en supportent pas l'odeur, et, par réaction chimique, elles empêchent le lait de cailler.

LES PLANTES UTILES
MENTHE

MILLEPERTUIS

Hypericum perforatum

Poussant au bord des chemins, le millepertuis est surnommé herbe à mille trous, car ses feuilles sont piquetées de minuscules glandes translucides On l'appelle encore herbe de la Saint-Jean, la tradition exigeant en effet qu'on le cueille le 24 juin à midi, à l'heure la plus chaude de la journée. Dès l'Antiquité, le millepertuis est doté de merveilleux pouvoirs qui frappent l'imaginaire : il éloigne les démons et passe pour remettre de l'ordre dans la maison. Aujourd'hui, la science a démontré que ses sommités fleuries, jaunes comme des soleils, ont des propriétés astringentes et antiseptiques, utiles pour cicatriser et soigner les brûlures, les coups de soleil et les piqûres d'insectes. Pour ces soins, c'est sous forme d'huile rouge, résultant de la macération de fleurs fraîches dans de l'huile, que le millepertuis est efficace. Il faudra toutefois éviter d'exposer sa peau au soleil, car cette plante contient une substance photosensibilisante, l'hypéricine, qui peut entraîner des inflammations. En Allemagne, la plante est proposée en tisane en cas d'anxiété, de nervosité et de légère dépression. Elle est également connue pour son action positive sur le sommeil.

3
4
5
6

MORELLE DOUCE-AMÈRE

Solanum dulcamara

Cette liane fine et souple pousse près de l'eau, dans les haies ou les bois clairs, la tête au soleil, et de préférence sur des sols riches. Elle est aussi courante dans les jardins. Elle porte des fleurs violettes à cœur jaune en forme d'étoile. À l'automne, elle produit des baies rouges pareilles à des groseilles : les oiseaux en raffolent, mais elles sont toxiques pour les humains, chez qui elles provoquent diarrhées et troubles graves du système nerveux. Les feuilles et les jeunes tiges, mâchées, procurent une saveur d'abord douce puis amère, ce qui a valu à la plante son nom de douce-amère. Autrefois, elle servait à tout : ses tiges fines à tresser des corbeilles, ses fruits à fabriquer des teintures vertes et violettes, ses rameaux à traiter la bronchite chronique et à chasser la fièvre, d'où son surnom d'herbe à la fièvre, ses tiges moelleuses à soigner dermatoses, piqûres d'insectes et rhumatismes... On prétendait aussi que les feuilles appliquées en cataplasme, après avoir été bouillies avec du lard, pouvaient guérir rapidement les plus vilaines tumeurs. Aujourd'hui, compte tenu de sa toxicité, la morelle douce-amère ne s'utilise qu'en usage externe et sous contrôle médical strict pour soigner plaies et ulcères grâce à des décoctions ou des cataplasmes.

DOUCE-AMÈRE
GENRE DES SOLANÉES
SOLANUM DULCAMARA

MOUTARDE NOIRE

Brassica nigra

Plante annuelle, banale et mellifère, la moutarde noire, *Brassica nigra*, pousse surtout près de l'eau. Sa fleur est formée de quatre pétales jaunes, et ses feuilles ont une saveur corsée. Ses graines noires minuscules et plutôt épicées sont à la base du fameux sinapisme. Cette sorte de cataplasme, composée de farine de moutarde mélangée avec une farine de lin, est appliquée, chaude, sur la poitrine ou le dos pour soigner une mauvaise bronchite, adoucir des douleurs rhumatismales et des inflammations articulaires, soulager la sciatique... Il faut toutefois savoir qu'en cas d'utilisation prolongée, elle peut provoquer des cloques sur la peau. Les graines sont également digestives et stimulent l'appétit. Celles de la moutarde blanche, *Sinapis alba*, grosses et blanches, qui entrent dans la fabrication du célèbre condiment, ont des propriétés similaires, mais moins intenses.

LA
MOUTARDE

MYRTE

Myrtus communis

Le myrte est ravissant, avec ses fleurs blanches odorantes qui, de mai à juillet, parfument les coteaux bien exposés du pourtour méditerranéen. Ses fruits, petites baies sèches et sombres, ont une saveur résineuse très agréable. Ses feuilles, toujours vertes et coriaces, dotées de petites glandes translucides joliment nommées eau d'ange, sont riches en huile essentielle. Depuis la nuit des temps, cette plante accompagne l'homme dans sa recherche de bien-être. Mentionnée dans l'Ancien Testament, elle est sacrée chez les Perses, symbole de beauté et de jeunesse chez les Grecs et les Romains, qui offraient des rameaux fleuris de myrte à la déesse Vénus. Médecins grecs, romains puis arabes considérèrent le myrte comme une panacée : ses feuilles et ses baies, dont on tirait un vin généreux, étaient utilisées pour assombrir la chevelure des dames, atténuer la toux, réparer une mauvaise fracture, assaisonner une volaille... Aujourd'hui, on reconnaît au myrte des propriétés antiseptiques et astringentes. En infusion ou en gargarisme, le myrte soigne les affections respiratoires et urinaires ; en compresse, il soulage les abcès et les furoncles.

Le Myrte

OLIVIER

Olea europaea

Nourricier par excellence, cet arbre, qui fleure bon la Méditerranée, ses pierres chaudes et ses soirées lumineuses, a une valeur symbolique aussi forte que le blé et l'amandier. Dans les religions chrétiennes, il représente la paix, la miséricorde et le Saint-Esprit. On le retrouve partout, d'abord en Égypte et en Asie Mineure, son berceau originel, puis sur l'ensemble du pourtour méditerranéen, et jusqu'en Amérique, où il fut implanté par les premiers colons. L'olivier est, bien sûr, réputé pour ses fruits, les olives, riches en vitamines, apéritives et digestives. Lesquelles, accompagnées d'un morceau de fromage sec, firent longtemps l'ordinaire du repas du berger. Les olives participent aussi au fameux régime crétois, qui assure, dit-on, santé et longévité et éviterait les risques d'infarctus du myocarde. L'huile, verte et généreuse, de préférence vierge et de première pression à froid, est émolliente : elle nourrit la peau, parfume, adoucit, guérit brûlures et coups de soleil. Elle augmente aussi le taux de bon cholestérol dans le sang. Quant aux feuilles, aux propriétés fébrifuges et hypotensives, elles sont recommandées en infusion contre la fièvre ou l'hypertension.

LES PLANTES UTILES
SAVON
L'OLIVIER

ORANGER

Citrus vulgaris

Originaire de Chine méridionale, l'oranger, *Citrus vulgaris,* prend pied en Inde, avant d'atteindre l'Iran, où il est appelé pomme de Médie. Durant l'Antiquité, les Grecs et les Romains le connaissent tardivement. L'oranger amer est le premier à pousser en Europe : il est implanté par les Arabes en Andalousie et en Sicile au XIe siècle. Quatre siècles plus tard, les Portugais, surtout, cultivent et développent l'oranger doux. Avec les grandes découvertes, l'arbre conquiert le Nouveau Monde, où il est cultivé au Mexique, en Floride et en Californie. L'orange amère est riche en principes actifs. En infusion, ses feuilles et ses fleurs sont sédatives, favorisent le sommeil, calment la nervosité et les migraines, les troubles digestifs et les palpitations cardiaques. Quant à l'écorce, elle est tonique, digestive et apéritive. Elle entre dans la fabrication de liqueurs comme le curaçao, le Grand Marnier et le Cointreau. Les fleurs distillées sont à la base de l'eau de fleur d'oranger, aux propriétés calmantes, mais aussi des eaux de Cologne et de Hongrie. L'orange douce est, quant à elle, une précieuse source de vitamine C, qu'on consomme sous forme de jus. Elle permettait autrefois de lutter contre le scorbut. Tonifiante, elle est conseillée aux personnes fatiguées et anémiées.

Le Monde des Plantes
2
1
Famille des Rutacées
1. ORANGER
2. RÜE FÉTIDE

ORIGAN

Origanum vulgare

L'origan pousse sur les talus chauds et ensoleillés. Sa fragrance se dévoile au mois d'août. Il suffit de froisser un brin entre ses doigts pour la faire naître et sentir ses saveurs aromatiques et balsamiques. Durant la préhistoire, les chasseurs-cueilleurs l'employaient pour assaisonner la viande fraîche. Aujourd'hui, l'origan parfume plutôt grillades et pizzas. Dans les campagnes, il était fréquemment utilisé pour ses propriétés aromatiques et thérapeutiques, dont certaines sont toujours reconnues. La plante servait de condiment en cuisine, de médicament tonique pour soigner une toux rebelle, de remède à l'aérophagie, à la lèpre, et de grigri pour chasser démons et sorcières. Des compresses de sommités fleuries fraîches chauffées et posées sur le cou pouvaient même guérir un torticolis ! Cette énumération de bienfaits explique pourquoi, chaque été, chacun s'employait à confectionner de petits bouquets d'origan, mis ensuite à sécher au grenier. Aujourd'hui, les sommités fleuries de l'origan sont plus fréquemment consommées en tisane légère, dont la couleur lui vaut le nom de thé rouge. Cette boisson stimule l'appétit, soigne les troubles digestifs, la bronchite, les maux de dents et de tête, et calme la toux sèche. Cousine de l'origan, la marjolaine, *Origanum majorana*, ou origan vrai, est cultivée dans les jardins à des fins surtout culinaires.

ORIGAN
GENRE DES LABIÉES
ORIGANUM VULGARE

ORTIE BLANCHE

Lamium album

Lamium album est abusivement appelée ortie blanche ou ortie morte, car, contrairement à son illustre homonyme, du genre *Urtica*, elle ne pique pas ! Elle est proche des plantes aromatiques, menthe, thym, serpolet, romarin, et dégage un parfum lorsqu'on la froisse entre les doigts. Elle porte de petites fleurs blanches, visibles et en forme de lèvres, qui permettent de la reconnaître facilement. Elle pousse près des habitations, sur les décombres, à proximité des troupeaux et des étables, mais aussi dans les bois humides, en compagnie de l'ail des ours et de la jacinthe sauvage. Peu utilisée jusqu'au XVe siècle, elle prend ensuite une grande place dans la pharmacopée populaire. Ses fleurs, à la fois toniques et astringentes, diurétiques et rafraîchissantes, soignaient toux et diarrhées, ballonnements et crachements de sang, varices et contusions diverses. Aujourd'hui, toutes ces propriétés sont confirmées par la médecine, qui reconnaît surtout à la plante son action anti-inflammatoire sur la peau et les muqueuses, en compresse, et sa capacité à soigner les troubles urinaires, digestifs et du sommeil, en tisane. En bain, ses sommités fleuries relaxent les pieds fatigués du randonneur.

ORTIE BLANCHE

PASSIFLORE

Passiflora incarnata

Au XVIe siècle, les jésuites, arrivés au Pérou dans le sillage des conquistadors espagnols, ont surnommé cette longue liane fleur de la Passion. Ils voyaient en effet dans la couronne d'appendices pétaloïdes surmontant les fleurs la représentation de la couronne d'épines du Christ. Mais leur comparaison ne s'arrêtait pas là. Selon eux, les extrémités du pistil figureraient les clous de la Croix, les étamines, l'éponge imbibée de vinaigre tendue à Jésus pour étancher sa soif, et le fruit, le cœur de Dieu. Rapportée en Europe, la passiflore essaima rapidement dans les jardins méditerranéens. Les parties aériennes de la plante, feuilles et fleurs, sont surtout sédatives. En infusion, elles assurent un sommeil de qualité, limitent les insomnies et les palpitations, et aident à lutter contre le stress et l'anxiété. La passiflore est aussi un anxiolytique qui agit avec douceur, sans effets secondaires. Sa cousine, la grenadille, *Passiflora edulis*, produit quant à elle des fruits tonifiants, riches en vitamine A.

PASSIFLORE

PAVOT

Papaver somniferum var. album
et P. somniferum var. nigrum

Le pavot à opium, *Papaver somniferum var. album*, est également nommé pavot somnifère. Il arbore des pétales larges, variant du rose au violet. Ses fruits en forme de grosse capsule verte renferment une sorte de jus laiteux, le latex, qui contient l'opium. Selon son usage, cette substance naturelle peut être une drogue redoutable ou, au contraire, un précieux remède contre la douleur. Le pavot à opium est cultivé depuis la plus haute Antiquité. Au Ier siècle av. J.-C., le poète romain Virgile qualifiait la fleur de *soporiferum*, signifiant « apporte le sommeil », ce qui témoigne qu'on l'employait déjà à cette époque pour ses propriétés soporifiques. À peine un siècle plus tard, Dioscoride, qui la recommandait pour calmer la douleur, mettaient en garde contre ses effets délétères. Au milieu du XIXe siècle, le pavot fut au centre des fameuses guerres de l'opium, opposant Britanniques et Chinois. Aujourd'hui, l'opium et ses produits dérivés ne doivent être consommés que sous contrôle médical. Quant au pavot œillette, *Papaver somniferum var. nigrum*, il est cultivé pour ses graines, qui servent à décorer pâtisseries et pains. L'huile d'œillette est réputée aussi délicate que l'huile de noix ou d'amande douce.

PAVOT
GENRE DES PAPAVÉRACÉES
PAPAVER SOMNIFERUM

PENSÉE SAUVAGE

Viola tricolor

La pensée sauvage appartient à la même famille que la violette sauvage. Fleurissant une bonne partie de l'été, elle pousse dans les champs et les prés, à la frange des chemins et sur les sables maigres. Avec quatre pétales supérieurs clairs et un pétale inférieur jaune foncé et tacheté de violet, elle est plus terne que sa cousine. Elle est également moins odorante. Peut-être, comme le raconte la légende, parce qu'elle avait demandé à sa sainte patronne, la Trinité, d'atténuer son parfum remarquable pour empêcher les paysannes de la cueillir... Dans le langage des fleurs, la pensée sauvage symbolise aussi le souvenir. Sur le plan médical, elle ne laisse aucune trace dans les écrits antiques et médiévaux. Ce n'est qu'à partir du XVIe siècle que les médecins commencent à s'y intéresser. Aujourd'hui, les fleurs et les feuilles sont conseillées pour leurs propriétés dépuratives, à utiliser en compresse imbibée d'infusion, pour nettoyer la peau. On les emploie surtout pour soigner croûtes de lait et dermatoses, tels le psoriasis, l'acné ou l'eczéma, et les séborrhées du cuir chevelu. En cosmétique, crèmes et onguents de pensée sont réputés soulager les peaux sèches et les vergetures.

PENSÉE SAUVAGE
GENRE DES VIOLARIÉES
VIOLA TRICOLOR

PERVENCHE

Vinca minor

Au printemps, ses fleurs sont d'un bleu magnifique. Ses feuilles coriaces sont toujours vertes et ses longues tiges, rampantes. La pervenche a tiré de ces curieux caractères botaniques plusieurs surnoms : violette de serpent et petit sorcier. Autrefois, les sorciers en faisaient, dit-on, grand usage, l'incorporant dans leurs philtres magiques. On l'utilisait aussi pour soigner diarrhées et douleurs dentaires. Au XVIIe siècle, ses feuilles étaient employées comme remède contre les maladies pulmonaires, la fièvre, le crachement de sang et les saignements. Aujourd'hui, les archéobotanistes établissent un lien entre la présence abondante de pervenches, qui aiment les terres riches en azote, et une activité humaine intensive (agriculture, charbonnage…). Cette plante entre dans la composition de médicaments qui servent à lutter contre les troubles de la mémoire et du vieillissement. Plus généralement, prise en décoction, elle stimule le flux sanguin dans le cerveau et favorise ainsi son oxygénation. On l'emploie aussi pour inhiber la lactation chez les femmes qui ne veulent plus allaiter.

LES PLANTES UTILES
PERVENCHE

PETITE CENTAURÉE

Centaurium erythraea

La petite centaurée pousse dans des lieux secs et sableux, dans les prés, et sur un substrat calcaire de préférence. Elle présente cette curieuse particularité de n'ouvrir ses fleurs que lorsque la température lui convient, soit à 24 °C au minimum. Le nom de l'espèce n'est pas à mettre en rapport avec une quelconque origine érythréenne, mais provient du grec *erythraea*, « rose », couleur des corolles de la plante. Grecs, Romains et Gaulois considéraient déjà la petite centaurée comme une panacée. Cette réputation de remède miracle continua au Moyen Âge puis à la Renaissance. Comme plusieurs plantes de la famille des gentianes, elle possède en effet de grandes vertus médicinales. On l'employait en cas de forte température, ce qui lui valut le nom d'herbe à la fièvre. En infusion, la petite centaurée était aussi appréciée pour ses effets toniques et stimulants, vermifuges et antiseptiques. En décoction, elle était cicatrisante, chassait les poux et limitait la chute des cheveux. Aujourd'hui, la médecine lui reconnaît toutes ces propriétés, en émettant une seule réserve : elle irrite le tube digestif.

PETITE CENTAURÉE
GENRE DES GENTIANÉES
ERYTHRŒA

PIED-D'ALOUETTE

Consolida regalis

Natif d'Asie Mineure, le pied-d'alouette, *Consolida regalis*, serait arrivé en Europe au néolithique, avec les céréales. Aujourd'hui, il est une fleur du jardin. D'une année à l'autre, il épanouit ses jolies grappes de fleurs bien fournies qui, selon les variétés horticoles, peuvent être bleues, blanches ou mauves. Dans la nature, ses corolles sont d'un bleu profond, qui tranche avec la blondeur des blés, dans lesquels il lui arrivait de pousser, jusqu'à ce qu'on le considère comme une mauvaise herbe à éliminer. Le pied-d'alouette est un exemple parfait de ces plantes médicinales d'autrefois rejetées par la médecine actuelle à cause de leur toxicité. On se servait auparavant des graines pour fabriquer des pommades contre la gale, la teigne et les poux. Aujourd'hui, on sait que cette espèce de la famille des renonculacées est riche en alcaloïdes, et donc dangereuse.

LE PIED D'ALOUETTE

PIMENT

Capsicum annuum et C. frutescens

Le piment compte au moins trois cents espèces. Parmi elles, il y a le piment piquant, *Capsicum frutescens*, et le piment doux, *Capsicum annuum*, ou poivron, ou encore corail des jardins, appelé ainsi car il prend la couleur de cet animal de mer à maturité. Le piment a été découvert par le médecin de Christophe Colomb sur l'île d'Hispaniola (actuellement partagée entre Haïti et Saint-Domingue), qui avait remarqué que les indigènes l'utilisaient en cuisine. Rapporté rapidement en Europe, il servit à assaisonner les bouillons et les viandes. En remède, il était utilisé contre les humeurs pituiteuses, crachats et glaires, et pour soulager la sciatique. Aujourd'hui, il est connu pour être riche en carotène et en vitamine C, et pour ses propriétés stimulantes en cas de digestion lente. Utilisé en cataplasme, exclusivement sous contrôle médical, le piment piquant soulage rhumatismes, torticolis et lumbagos. Du piment doux, cultivé en Hongrie, est extrait le paprika, poudre rouge à la saveur beaucoup plus douce que celle, piquante et forte, des baies minuscules des piments indiens et américains.

LE PIMENT

PIMPRENELLE

Sanguisorba officinalis et S. minor

Proche parente de la rose, la pimprenelle n'en a pourtant pas l'aspect. Elle n'arbore ni épines, ni pétales parfumés. Au contraire, elle a une tige lisse et de petites fleurs regroupées en têtes rondes, vertes à l'ombre, rouges sous le soleil. Il existe deux espèces. De haute taille et assez rare, *Sanguisorba officinalis* pousse dans les milieux humides, plutôt en montagne. Plus fréquente, *Sanguisorba minor*, se plaît davantage sur les pelouses sèches et calcaires. Toutes deux partagent les mêmes propriétés médicinales. Elles ont des vertus hémostatiques avérées, particulièrement bien explicitées par leur nom scientifique, *Sanguisorba*, composé des mots latins *sorbere*, « absorber », et *sanguis*, « sang ». Riches en tanins divers, elles sont astringentes et cicatrisantes et, utilisées en décoction, soignent réellement plaies et ulcères. En usage interne, elles sont aussi digestives et diurétiques, et conseillées comme remèdes contre la diarrhée, voire la dysenterie. Riche en vitamine C, *Sanguisorba minor* pourrait tout aussi bien être servie en salade, au même titre qu'une scarole ou une batavia.

LA PIMPRENELLE

PISSENLIT

Taraxacum officinale

Il est difficile de se retrouver dans le monde du pissenlit. Même les botanistes chevronnés peinent à distinguer espèces et sous-espèces tant elles sont nombreuses. Quoi qu'il en soit, tout un chacun reconnaîtra facilement ses fleurs jaunes comme du beurre frais, ses aigrettes de soie, sur lesquelles on souffle pour le plaisir de les voir voler, et sa tige creuse, d'où s'écoule une sorte de lait. Son nom imagé, « pisse-en-lit », explicite à merveille ses propriétés diurétiques, connues depuis l'Antiquité. Riche en vitamines, en fer et en potassium, le pissenlit est tonique et cholagogue, c'est-à-dire qu'il facilite l'évacuation de la bile. Il décongestionne aussi le foie. Après un régime trop riche en graisse l'hiver, il est fortement conseillé de faire une cure de salade de pissenlits frais, car la plante est à la fois apéritive et dépurative. De l'huile d'olive et un filet de citron suffiront à sa préparation. Les jeunes boutons floraux feront office de câpres. Quant aux racines, elles pourront, une fois grillées, faire un ersatz de café délicieux et, bien sûr, dépourvu de toute caféine. Les fleurs, qui entrent dans la fabrication de gelées et de vins aromatisés, sont aujourd'hui très souvent accommodées avec les mets raffinés des restaurants étoilés.

PISSENLIT ORDINAIRE

PLANTAIN

Plantago major et P. lanceolata

Il existe plusieurs espèces de plantain, toutes vivaces, à l'origine inféodées aux pays d'Europe et d'Asie centrale, puis exportées partout dans le monde. En France, les deux plus connues ont des feuilles striées : le plantain majeur, *Plantago major*, ou queue-de-rat, avec ses feuilles larges ; le plantain lancéolé, *Plantago lanceolata*, ou herbe à cinq côtes, avec ses feuilles étroites. Les deux espèces ont des fleurs insignifiantes et ternes. Autrefois, le plantain figurait dans le panthéon des plantes médicinales les plus populaires. Une piqûre d'ortie, de guêpe ou de moustique ? Une feuille frottée sur la brûlure suffisait à calmer la douleur. Un mal de gorge ? Un peu de racine amère relevée de miel le guérissait. Un bouton d'acné sur le nez ? Une crème à base de plantain le supprimait aussi vite qu'il était venu. Une conjonctivite ? Quelques feuilles plongées dans l'eau bouillante puis posées sur les yeux chassaient le mal. Aujourd'hui, la science a expliqué tous ces bienfaits : le plantain contient à la fois du mucilage, agent naturel adoucissant, et des tanins, agents astringents, très favorables à une action anti-inflammatoire. On emploie aussi la plante en infusion à usage interne ou externe pour calmer la toux et la gingivite, apaiser les hémorroïdes et soigner la constipation.

PLANTAIN
GENRE DES PLANTAGINÉES
PLANTAGO MAJOR

POIVRIER NOIR

Piper nigrum

Contrairement à une idée reçue, le poivrier n'a pas été découvert par Pierre Poivre, fameux aventurier au service de la Compagnie des Indes, car il est connu depuis l'Antiquité. Son nom dérive du sanscrit *pilpali*, qui a donné aussi *pepper* en anglais, *pepe* en italien et *Pfeffer* en allemand. Le poivrier pousse spontanément en Inde et en Malaisie. C'est de là que, par des routes compliquées, il gagna l'Occident, où il atteignait au Moyen Âge des prix exorbitants et servait de monnaie d'échange. La légende de Tristan et Iseult raconte que les deux amants auraient succombé à leur charme réciproque après avoir bu un philtre d'amour qui contenait une pincée de poivre. Avec moins de poésie, les fabricants de peaux s'en servaient pour repousser les insectes et les parasites, grâce à la pipérine, alcaloïde au goût piquant, qu'il renferme. À partir du XVIIIe siècle, la culture du poivre se développe dans toutes les zones humides et chaudes du globe. Liane, il a besoin d'un support, vivant ou inerte, pour croître. Chaque fleur produit de vingt à trente baies : cueillies avant maturation, elles donnent le poivre vert et, après séchage au soleil, le poivre noir. Quant au poivre blanc, c'est la graine claire située au cœur de la baie. Sur le plan médicinal, le poivre stimule la digestion et les sécrétions gastriques. Il est également efficace contre la nausée et le manque d'appétit.

Le Poivre

POURPIER

Portulaca oleracea

Cette petite plante pousse au ras du sol. Sa grosse tige rouge porte des feuilles grasses, épaisses et brillantes et de petites fleurs jaunes qui sortent au cours de l'été. Originaire d'Asie, le pourpier a essaimé un peu partout sur la planète, y compris dans les jardins, où il est souvent considéré comme une plante indésirable. À tort ! Car il est à la fois alimentaire et médicinal. Le pourpier se consomme en salade, assaisonné d'huile d'olive, ou cuit à l'eau, à la manière des épinards, pour faire ressortir sa saveur délicieusement acidulée. Il procure des vitamines C et E, des acides gras, des oméga-3 et du bêta-carotène. Ainsi, il est utile dans la lutte contre le vieillissement, pour prévenir les affections cardiaques, les troubles cardio-vasculaires, et protéger les artères. Le pourpier est également riche en mucilage, ce qui lui confère des propriétés laxatives et anti-inflammatoires. En cataplasme, il dénoue les contractures musculaires et peut lutter contre les inflammations des paupières. Partout dans le monde, ses vertus médicinales sont reconnues : en Chine, il est employé contre la diarrhée, en Amérique centrale, contre les gastrites, en Afrique, comme calmant...

POURPIER

PRIMEVÈRE

Primula officinalis

Plus connue sous le nom de coucou, *Primula officinalis* est associée au printemps, aux prés frais et aux bords de chemins. Elle annonce la nouvelle saison. Ses corolles jaune pâle forment des clochettes délicatement parfumées qui attirent les abeilles en quête de nectar. C'est plutôt une plante du nord, ce qui explique que ni les Grecs ni les Romains n'en fassent mention dans leurs écrits. Au Moyen Âge, elle donna lieu à nombre d'histoires et de légendes, de superstitions et de fables. Ainsi, on la surnommait clé de saint Pierre ou clé du ciel parce qu'elle était censée ouvrir les portes du Paradis. Hildegarde de Bingen, célèbre savante bénédictine du XIIe siècle, la conseillait pour chasser la mélancolie. On racontait également que la primevère soignait la paralysie. Évidemment, aucune de ces propriétés n'a jamais été prouvée. En revanche, grâce à ses propriétés anti-inflammatoires et pour lutter contre les infections respiratoires, la primevère s'avère extrêmement efficace. En infusion, elle a des effets expectorants en cas de bronchite et calme la toux. En compresse, elle soigne rhumatismes et goutte, foulures et autres douleurs musculaires. De saveur délicate, ses fleurs prises en tisane apaisent les jeunes enfants énervés.

PRIMULA OFFICINALIS
PRIMEVÈRE

QUINQUINA

Cinchona officinalis

C'est auprès des Indiens des Andes amazoniennes que des jésuites espagnols découvrirent le quinquina au début du XVIIe siècle. On raconte que la comtesse de Chinchon, femme du vice-roi du Pérou, fut guérie de ses fièvres par cette plante. Que l'histoire soit vraie ou non, la dame espagnole laissa son nom, sous sa forme latine, à la plante. On importa le quinquina en Europe presque immédiatement après sa découverte sous l'appellation de poudre des jésuites ou de poudre de la comtesse pour soigner toutes sortes de fièvres. Il fallut toutefois attendre 1920 pour que son principe actif, la quinine, soit isolé par deux pharmaciens français. Aujourd'hui, le quinquina est cultivé dans les régions tropicales à forte pluviosité, Hawaii, Indonésie et Zaïre par exemple. Il existe plusieurs espèces de quinquina, aux propriétés à peu près toutes semblables. La partie active de ce grand arbre se trouve dans l'écorce séchée. Outre les fièvres, surtout paludéennes, il agit par son astringence et son amertume sur les troubles de la digestion et le manque d'appétit. En compresse, il est cicatrisant et tonique capillaire.

Quinquina.
(Cinchona Calisaya).
Décortication.

RÉGLISSE

Glycyrrhiza glabra

C'est un arbuste du sud de l'Europe. À partir du XIIIe siècle, il est cultivé dans les jardins, mais on en trouve aussi dans la garrigue et les prairies du Midi, où il pousse spontanément. Son robuste rhizome développe des rejets, ou stolons, qu'on fait sécher pour donner les fameux bâtons de réglisse, dont raffolent les enfants. Durant l'Antiquité, les Grecs se servaient déjà de cette plante pour étancher leur soif et calmer leur toux. Au Moyen Âge, la réglisse rend la voix plus claire, soigne les affections respiratoires et les maux d'estomac. On la boit alors en tisane rafraîchissante ou on mâche lentement son bois. À la fin du XVIIIe siècle, la réglisse devient à la mode avec le coco, la fameuse boisson vendue au verre dans les rues de Paris ou en poudre à délayer dans l'eau. Sur le plan médicinal, elle est expectorante et antitussive, permet de lutter contre la plaque dentaire et les caries, soulage impétigos et eczémas. Elle est aussi un précieux antidote au tabac, car elle aide à régénérer les muqueuses respiratoires. Attention toutefois : consommée de manière abusive, la réglisse peut provoquer maux de tête et hypertension artérielle.

RÉGLISSE
GENRE DES LÉGUMINEUSES
GLYCYRHIZA GLABRA

RHUBARBE

Rheum rabarbarum et R. rhaponticum

Il existe plusieurs espèces de rhubarbe, dont les plus connues sont *Rheum rabarbarum* et *Rheum rhaponticum*. Toutes portent des tiges rouges, de larges feuilles sur lesquelles viennent, après la pluie, nager les insectes et boire les papillons. La rhubarbe serait originaire des steppes battues par les vents de Mongolie. Les Chinois la connaissent depuis plus de 4 000 ans, mais davantage pour ses vertus thérapeutiques, vermifuges, toniques et purgatives, que culinaires. Vers le XIe siècle, les Arabes l'introduisent en Europe, mais ne s'intéressent qu'à la racine, pour soigner la jaunisse. Au XVIe siècle, le grand médecin suisse Paracelse confirme cet usage. Au siècle suivant, la rhubarbe commence réellement à devenir une plante courante dans les jardins européens, où elle est cultivée pour des usages culinaires. Elle arrive cette fois-ci de Russie, puis passe, à la fin du XVIIIe siècle, en Angleterre, où ses tiges au goût acidulé entrent dans la composition des *pies* et des *chutneys*. Sur le plan médicinal, la rhubarbe peut venir à bout d'une constipation occasionnelle, mais il faut l'employer avec précaution, car elle peut irriter les reins et provoquer une inflammation du gros côlon. Même si elle est délicieuse en tarte, mieux vaut ne pas en abuser.

RHUBARBE
GENRE DES POLYGONÉES
RHÉUM

ROMARIN

Rosmarinus officinalis

Fréquent dans la garrigue méditerranéenne, le romarin est un petit arbuste toujours vert à la saveur marquée. Il craint le grand froid. Les abeilles butinent ses corolles bleutées, dont elles tirent un miel de qualité. Grecs et Romains ont fait de cette plante le symbole de l'amour, mais n'en ont eu aucun usage médicinal. Au Moyen Âge, on réussit à extraire du romarin une huile essentielle. À la Renaissance, la distillation des fleurs permet la fabrication de la fameuse eau de la reine de Hongrie. Selon la légende, cette eau merveilleuse fut baptisée en hommage à Élisabeth de Pologne qui, après en avoir fait un usage intensif, fut d'un jour à l'autre débarrassée de ses rhumatismes. Son efficacité fut si grande que la vielle dame, âgée de soixante-dix ans passés, séduisit le roi de Hongrie, qui l'épousa. Aujourd'hui, les médecins reconnaissent au romarin un pouvoir revitalisant et tonifiant, car il aide le corps à résister aux atteintes extérieures. On recommandera une infusion de sommités fleuries et de feuilles aux personnes épuisées. Ce breuvage est aussi digestif et expectorant. En friction et en compresse chaude, le romarin a une action anti-inflammatoire. Il est également cicatrisant.

ROMARIN

SAFRAN

Crocus sativus

Ce crocus aux éphémères corolles mauves n'existe pas à l'état naturel. Il serait le résultat de la sélection et de la culture d'une espèce sauvage, peut-être originaire d'Inde, faites vers 3 500 ans av. J.-C. Ses longs stigmates rouges, extrémités du pistil destinées à recevoir le pollen, valent déjà de l'or durant l'Antiquité. Les Phéniciens utilisent le safran, les Perses l'introduisent en Orient et les Arabes l'apportent en Espagne au Moyen Âge. Les croisés ont certainement aussi participé à son implantation en Europe. Cultivé d'abord ici ou là, le safran fait la fortune des paysans du Quercy ou du Gâtinais à la fin du XVIIe siècle. Au fil du temps, ses usages se diversifient. Durant l'Antiquité, on le prescrit comme aphrodisiaque et stimulant. Les médecins médiévaux s'en servent pour soigner les rages de dents ou lutter contre la peste. Aujourd'hui, quelques safraniers français vivent de leur précieuse récolte, destinée surtout à la cuisine. Le safran relève et colore subtilement tajines et risottos, veloutés de moules ou confitures d'oranges. Il a aussi une propriété médicinale reconnue : il est sédatif. Mais, sachant qu'il faut au moins deux cents fleurs pour 1 gramme de safran, on peut imaginer aisément que le remède est hors de prix !

SAFRAN
GENRE DES IRIDÉES
CROCUS SATIVUS

SAPONAIRE
Saponaria officinalis

L'été, la saponaire court le long des talus et des chemins, où elle montre de jolis pétales roses et odorants. Les anciens l'utilisent déjà pour ses vertus nettoyantes : plongée dans l'eau, elle produit de la mousse, émulsionne les graisses rebelles, lave les étoffes et blanchit les linges fragiles. Durant des siècles, les lavandières en font grand usage, au bord du ruisseau ou au lavoir. Les belles dames s'en servent tout autrement : elles frottent la plante à leur chevelure pour la rendre plus brillante ou elles glissent quelques feuilles ou racines dans leur bain pour se purifier le corps. La saponaire mérite vraiment ses surnoms de savonnière ou d'herbe à savon ! Elle doit ses vertus à la saponine qu'elle contient, cette molécule qui dissout les graisses dans l'eau. Sur le plan médicinal, la saponaire est réputée pour ses propriétés dépuratives. Mais, à forte dose, elle peut, en usage interne, paralyser les mouvements respiratoires et cardiaques. Intuitivement, les animaux s'en méfient. Mieux vaut donc l'employer en usage externe, pour rincer les cheveux fragiles ou soigner un eczéma tenace.

SAPONAIRE
GENRE DES
CARYOPHYLLÉES SILÉNÉES
SAPONARIA

SAUGE

Salvia officinalis

Sauvage ou horticole, la sauge est aromatique : ses feuilles froissées dégagent une odeur puissante, à la fois épicée et camphrée. La plus connue des espèces, la sauge officinale, est appelée thé de Grèce. Originaire d'Asie occidentale, elle pousse spontanément sur les coteaux arides du pourtour méditerranéen. Sa tige est ligneuse, ses corolles d'un beau bleu violacé et, l'hiver, ses feuilles ne tombent pas. Au Moyen Âge, elle figure au nombre des simples, dans les jardins royaux, seigneuriaux ou des religieux. On la considère alors comme une panacée, soignant toutes sortes de maux. Elle lutterait même contre... la mort ! Son nom, dérivé du latin *salvare*, « sauver », rappelle d'ailleurs cette croyance. Les médecins de la fameuse école de Salerne avaient eux-mêmes coutume de dire : « Homme, pourquoi meurs-tu lorsqu'en ton jardin pousse la sauge ? » Évidemment, la sauge n'est pas un remède miracle. Toutefois, ses feuilles, surtout, sont curatives. En infusion, elles sont toniques et antisudorifiques, elles éloignent la fièvre et favorisent la digestion. Elles agissent aussi sur les troubles de la ménopause et des règles. En compresse, elles cicatrisent les plaies et, en bain de bouche, calment aphtes et gingivites. La liste des bienfaits serait incomplète si l'on oubliait le rôle de condiment, pour relever les viandes par exemple.

LES PLANTES UTILES
SAUGE
OFFICINALIS

SAULE
Salix alba

Ses fleurs odorantes au printemps, appelées chatons, son feuillage argenté et sa forme en boule permettent de reconnaître facilement un saule. En revanche, il est très difficile de se repérer dans la jungle des espèces, des sous-espèces et des hybrides. En général, le saule pousse près d'une rivière, d'un marais ou d'un fossé. Étrangement, cet arbre, qui aime les zones humides, permet de soigner les maladies qu'on y contracte. Au XVIe siècle, on sait déjà que quelques rameaux permettent de faire baisser la fièvre, de soulager les rhumatismes et de chasser le mal de tête, tous symptômes d'un séjour prolongé dans les marécages. En 1830, un pharmacien français, Pierre Leroux, confirme les propriétés fébrifuges et antipyrétiques du saule en isolant la salicyline. Cette molécule, précurseur de l'acide acétylsalicylique, est le premier constituant du comprimé d'aspirine. Aujourd'hui, on peut recommander des décoctions d'écorce pour soulager rhumatismes et fièvre. Contrairement à l'aspirine de synthèse, elle n'irrite pas l'estomac. En tisane ou en infusion, les fleurs de saule sont également sédatives et efficaces en cas d'insomnie ou d'anxiété.

Saule (Salix alba L.)

SÉNÉ

Cassia senna et C. angustifolia

Le séné d'Alexandrie, *Cassia senna*, et le séné de l'Inde, *Cassia angustifolia*, sont deux espèces très proches. Ce sont de petits arbrisseaux buissonnants qu'on cultive, l'un dans la vallée du Nil, l'autre dans la région de Madras, d'où son autre nom de séné de Tinnevelly, ville du sud de l'Inde. Ils portent des fleurs jaunes, des feuilles vert glauque et des fruits ressemblant à des gousses aplaties dans lesquelles se trouvent de grosses graines brun clair. Les préparations traditionnelles du séné sont surtout médicinales. Dans le Coran, le prophète Mahomet recommande d'ailleurs « le séné et le miel, [...] contre toutes les maladies, hormis la mort ». Cependant, les Arabes utilisent surtout l'arbrisseaux comme purgatif. Selon eux, le séné permet aussi de traiter tous les comportements excessifs, y compris la folie... Aujourd'hui, préparés en pharmacie, ses fruits et ses feuilles séchées, à la saveur amère, permettent de traiter une constipation occasionnelle, due à un changement alimentaire au cours d'un voyage, ou tenace, après un régime riche en fibres resté inefficace. Attention, on ne prescrira jamais de remèdes à base de séné à un jeune enfant ou à une femme enceinte, ni même un traitement de longue durée, car la plante peut être excessivement purgative.

SENÉ
GENRE DES CÉSALPINIÉES
SENE

SERPOLET

Thymus serpyllum

Contrairement à ce que racontent *Mon petit lapin*, *Le Lapin et le serpolet* ou d'autres comptines, les lapins n'aiment pas le serpolet, dont ils détestent l'odeur. Proche du thym vulgaire, *Thymus vulgaris*, ou farigoule, cette plante minuscule rampe sur les talus, les dunes claires, les rochers exposés au soleil. On la reconnaît à ses fleurs roses teintées de violet foncé. Le parfum suave que dégage le serpolet provient des feuilles qui portent des glandes chargées d'essence aromatique. Il peut varier selon le lieu où se trouve la plante : celui d'un serpolet poussant sur une dune en bord de mer sera moins puissant que celui d'un individu accroché à une rocaille sèche, exposée au soleil. Les feuilles et les sommités fleuries occupent une place importante dans la médecine populaire. En tisane, elles stimulent la digestion, atténuent les ballonnements et flatulences. En infusion, avec du miel, elles adoucissent la gorge, calment la toux et dissipent un mal de tête dû à l'ivresse. En compresse, elles atténuent la douleur d'une sciatique, d'une entorse, combattent les démangeaisons. En bain chaud, elles tonifient et, en gargarisme, elles soignent la pharyngite. Le serpolet est, bien sûr, aussi utilisé comme condiment, parfumant avantageusement toutes sortes de plats, de légumes ou de viandes. On préférera toutefois sa variété cultivée, *Thymus citriodorus*, dite « thym citronné », qui est la plus couramment employée en cuisine.

LES PLANTES UTILES
SERPOLET

SOUCI DES JARDINS

Calendula officinalis

Le souci des jardins se repère aisément à la couleur orange de sa corolle. Au toucher, il est un peu visqueux. Son odeur particulière dérange certains. Les fleurs sont sensibles au taux d'humidité de l'air. Quand celui-ci est trop élevé, elles se ferment, ce qui annonce l'arrivée de la pluie. Elles tiennent aussi lieu d'horloges naturelles, s'ouvrant aux premiers rayons de soleil et se refermant dès que la lumière décline. Il n'est pas certain que le souci ait été utilisé durant l'Antiquité. En revanche, on sait que les médecins du Moyen Âge s'en servaient pour soigner des problèmes digestifs et oculaires, et comme antidote à la morsure de serpent et à la piqûre de frelon. À la Renaissance, le souci est recommandé pour soigner la jaunisse, pour la simple raison que ses fleurs sont de la même couleur que la bile ! Aujourd'hui, les bienfaits des capitules sont reconnus : ils sont antimicrobiens, anti-inflammatoires, antiseptiques, antispasmodiques et cicatrisants. Compresses et cataplasmes de pétales de fleurs fraîches soignent brûlures et engelures, coups de soleil et érythèmes fessiers. L'huile rouge, obtenue après macération de fleurs, adoucit la peau sèche. Certains préféreront acheter une crème au calendula, donc à base de souci, pour le même effet. Côté cuisine, on agrémentera les salades de pétales orange ou l'on confira dans le vinaigre de jeunes boutons, comme des câpres.

LES PLANTES UTILES
Souci

SPIRÉE ULMAIRE

Filipendula ulmaria

Au mois de juin, la spirée ulmaire colore les prairies humides avec ses élégantes fleurs blanc crème. Elle est immanquable avec sa haute taille et ses belles tiges rouges. Elle mérite bien son nom de reine-des-prés ! Fleurs et feuilles froissées dégagent une forte odeur d'amande amère, plutôt agréable. Inoffensives, elles parfument desserts et boissons, et s'infusent comme celles du thé. Malgré tous ces bienfaits, il a fallu du temps pour qu'on reconnaisse des propriétés médicinales à la spirée. Inconnue durant l'Antiquité et pratiquement ignorée au Moyen Âge, la plante n'est étudiée qu'au milieu du XIXe siècle. On lui découvre alors des vertus diurétiques, toniques et vulnéraires. À cette époque où tout un chacun était passionné par la science, le curé de Trémilly signalait à son tour que la spirée était fortement « utile pour les femmes au retour d'âge », sans en expliquer la raison. Mais la spirée est surtout réputée pour soigner les fièvres qu'on attrape dans les marécages, exactement là où elle s'épanouit en toute liberté. Depuis, la science a expliqué cette vertu, en montrant que la plante contient de l'acide acétylsalicylique, substance à la base de l'aspirine. Aujourd'hui, on sait que la spirée est anti-inflammatoire. On recommandera ainsi une infusion de sommités fleuries pour soulager lumbagos et torticolis. Également diurétique et dépurative, elle est idéale pour les personnes atteintes par la goutte.

SPIRÉE
GENRE DES ROSACÉES
SPIRÆA ULMARIA

SUREAU NOIR

Sambucus nigra

Le sureau noir affectionne les sols riches en azote, d'où sa présence près des habitations et des terrains abandonnés. Au milieu du printemps, cet arbuste déploie ses fleurs dans un énorme et odorant bouquet, que viennent butiner les insectes. À la fin de l'été, sortent ses fruits noirs et juteux, idéals pour faire des confitures ou des robs, sortes de sirops épais. Les oiseaux en raffolent. Grecs et Romains, puis médecins du Moyen Âge voient dans le sureau un remarquable antidote à la morsure de vipère, à la goutte ou à la jaunisse. Mais aucune de ces propriétés n'a été confirmée par la science. On sait en revanche que les fleurs sèches sont, en décoction ou en infusion, diurétiques, dépuratives et anti-inflammatoires. Elles provoquent également la sudation et sont très efficaces lors de maladies éruptives, telle la rougeole. Quant aux baies noires, riches en vitamines A et C, elles sont à la fois tonifiantes et laxatives. Mais attention, elles tachent terriblement !

SUREAU
GENRE DES
CAPRIFOLIACÉES SAMBUCÉES
SAMBUCUS NIGRA

TANAISIE

Tanacetum vulgare

On rencontre surtout la tanaisie dans les lieux abandonnés, le long des voies ferrées et au bord des chemins. Elle est également cultivée dans les jardins pour ses jolis capitules jaune d'or très serrés, qui s'épanouissent au milieu de l'été. Grecs et Romains semblent l'ignorer totalement ; originaire d'Europe de l'Est, elle aurait en effet été importée en Occident au moment des grandes invasions barbares, vers le IVe siècle. On l'appelle notamment herbe aux vers, désignation que lui a value sa propriété extrêmement vermifuge. Les graines, qu'on vendait autrefois sous le nom de barbotine, servaient en effet à éliminer sûrement oxyures, ténias et ascarides. Quant aux feuilles fraîches, elles dégagent une odeur puissante, due à l'essence toxique, le thujone, qu'elles contiennent. Parce qu'elles sont également dangereuses pour l'homme, on ne les utilisera que comme répulsif naturel contre les puces, les mites et autres parasites.

TANAISIE
GENRE DES COMPOSÉES
TANACETUM
VULGARE

TILLEUL

Tilia platyphyllos

Avec son cousin, le tilleul des bois, *Tilia cordata*, il agrémente les villes, le long des mails ou sur les places. Ces arbres de haute taille peuvent vivre jusqu'à mille ans ! Les fleurs font l'objet de quantité de préparations. On les cueille le 24 juin, à la Saint-Jean, quand elles viennent de s'épanouir. Doucement infusées en tisane, elles sont utilisées contre toutes sortes de maux : indigestions, repas trop lourds, états grippaux, insomnies, nervosité et migraines. Ce sont aussi de merveilleux antidotes contre le surmenage. En usage externe, les inflorescences soignent crevasses, gerçures et piqûres d'insectes. En bain de vapeur ou en compresse, elles nettoient la peau et relèvent la beauté du visage. L'aubier du tilleul, le bois placé à l'arrière de l'écorce, a également ses vertus. Employé sous forme de poudre, c'est un excellent diurétique, qui soigne coliques néphrétiques et rhumatismes. Sans aucun effet secondaire, le tilleul est l'une des plantes dans laquelle l'homme peut avoir le plus confiance.

TILLEUL
GENRE DES TILIACÉES
TILIA

TUSSILAGE

Tussilago farfara

Fleurissant dès les premiers jours de février, ces éphémères fleurs jaunes poussent sur les berges des grands cours d'eau. Plus tard, vient le tour de leurs grandes feuilles cotonneuses, épaisses et en forme de cœur. Les fleurs venant avant les feuilles, le tussilage portait autrefois le surnom de *filius ante patrem*, le « fils avant le père ». Quant à son nom vernaculaire, il est composé des mots latins *tussis*, « toux », et *agere*, « chasser », qui rappellent que ses fleurs et ses feuilles, riches en mucilage, sont employées en infusion depuis l'Antiquité pour chasser la toux, soigner les bronchites et les rhumes. Le tussilage fait partie des espèces dites « pectorales », avec lesquelles on peut fabriquer un excellent sirop maison, propre à soigner les affections de la poitrine. Les fleurs sont aussi sudorifiques et dépuratives. Quant aux feuilles, elles font un parfait succédané de tabac, sans les effets nocifs. De plus, le tussilage aide à régénérer les muqueuses respiratoires.

TUSSILAGE
GENRE DES COMPOSÉES

TUSSIS

VALÉRIANE

Valeriana officinalis

Cette haute plante élégante possède des fleurs blanches délicatement rosées et une tige verte striée. Elle pousse un peu partout en Europe, sauf en zone méditerranéenne, au bord des fossés et des ruisseaux. On la repère à son odeur, surtout lorsqu'elle défleurit. Les chats l'apprécient, au point d'en devenir euphoriques, d'où son nom d'herbe-aux-chats. Elle s'appelle aussi herbe aux coupures, ou encore herbe à la femme battue, parce qu'on l'employait pour calmer la douleur d'une plaie ou d'une contusion. Mais elle est surtout employée pour calmer les désordres nerveux. Depuis la Renaissance, on sait en effet que les principes actifs contenus dans la racine servent à calmer les personnes irritables et migraineuses, à éloigner la fièvre, à prévenir les crises d'épilepsie et d'asthme, les palpitations, à apaiser les douleurs rhumatismales et l'anxiété, à faire baisser la tension artérielle... Mais le point fort de la valériane est par-dessus tout son emploi comme sédatif.

VALÉRIANE
GENRE DES VALÉRIANACÉES
VALERIANA OFFICINALIS

VERVEINE

Verbena officinalis

Européenne, la verveine est filiforme et grêle. Ses fleurs liliacées sont maigrichonnes, et sa tige raide. Elle pousse à la diable sur les berges et au bord des chemins. Elle aurait pu passer inaperçue si les Grecs et les Romains ne l'avaient pas révérée au point de la considérer comme une herbe sacrée. Ils en tissaient des couronnes qu'ils posaient sur la tête des ambassadeurs. Elle était aussi censée guérir immédiatement une plaie due à un mauvais coup de lance. Au Moyen Âge, on lui attribuait nombre de vertus magiques : elle permettait de prédire l'avenir, protégeait de l'orage, d'un fantôme ou du mauvais sort. On lui accordait également des vertus aphrodisiaques : elle était idéale pour rallumer des amours éteintes. Depuis, la médecine a donné son avis sur cette plante aromatique et amère. Ses feuilles et ses tiges fraîches auraient, en infusion, des propriétés anti-inflammatoires et renforceraient le système immunitaire. Elles traiteraient la fatigue nerveuse, les affections de la gorge, soulageraient la migraine et la névralgie, et favoriseraient la digestion et la sécrétion de bile. En usage externe, sous forme de cataplasme fabriqué avec la plante bouillie, la verveine soigne crevasses et gerçures, sinusites et rhumatismes.

VERVEINE
GENRE DES
VERBÉNACÉES VERBÉNÉES
VERBENA

VIGNE ROUGE

Vitis vinifera

La vigne est cultivée depuis au moins 2000 av. J.-C. Elle entre depuis toujours dans la pharmacopée populaire. Au XVIe siècle, Matthiole célèbre vigoureusement le vin qui « purge le cerveau, excite l'intellect, réjouit le cœur, vivifie les esprits, clarifie le sang, expulse du corps toutes les impuretés ». Toutefois, le médecin et botaniste italien reconnaissait déjà qu'il pouvait provoquer aussi d'horribles maladies. Aujourd'hui, on suppose que les polyphénols, tanins végétaux contenus dans la vigne et le vin protégeraient des maladies cardio-vasculaires. Mais la liste des vertus médicinales de la plante est encore longue : les feuilles sont toniques et astringentes ; le suc de raisin frais est riche en vitamines et en minéraux ; le marc est stimulant ; l'huile des pépins soigne la diarrhée. Plus particulièrement, on a constaté que les feuilles de la vigne rouge grimpante, variété de vigne au feuillage rouge, possèdent des principes actifs protégeant les vaisseaux capillaires. En décoction, elles soulagent également les jambes lourdes, soignent l'insuffisance veineuse, les hémorroïdes et les bleus.

LES PLANTES UTILES
LA VIGNE

LISTE DES NOMS DES PLANTES

Nom	**Famille**	**Espèce**	**Autres noms**
Achillée millefeuille	Astéracées	*Achillea millefolium*	Herbe aux coupures, herbe militaire
Aloès	Liliacées	*Aloe barbadensis*	
Amandier	Rosacées	*Prunus amygdalus*	
Angélique officinale	Apiacées	*Angelica archangelica*	Herbe des anges, racine du Saint-Esprit
Anis vert	Apiacées	*Pimpinella anisum*	
Arbousier	Éricacées	*Arbutus unedo*	
Arnica	Astéracées	*Arnica montana*	Tabac des Vosges, tabac des Alpes, herbe des chutes
Aunée	Astéracées	*Inula helenium*	
Avoine	Poacées	*Avena sativa*	
Bardane	Astéracées	*Arctium lappa*	Herbe aux teigneux
Bleuet	Astéracées	*Centaurea cyanus*	Casse-lunettes
Bouillon-blanc	Scrophulariacées	*Verbascum thapsus*	Cierge de Notre-Dame
Bourrache officinale	Boraginacées	*Borago officinalis*	
Bruyère cendrée	Éricacées	*Erica cinerea*	
Camomille romaine	Astéracées	*Chamaemelum nobile*	
Chanvre	Cannabacées	*Cannabis sativa*	
Chélidoine	Papavéracées	*Chelidonium majus*	Herbe aux boucs, grande éclaire
Chiendent	Poacées	*Elytrigia repens*	Traînasse, laitue de chien

Nom	Famille	Espèce	Autres noms
Digitale	Scrophulariacées	*Digitalis purpurea*	Gant de Notre-Dame, doigt de la Vierge
Épine-vinette	Berbéridacées	*Berberis vulgaris*	
Eucalyptus	Myrtacées	*Eucalyptus globulus*	
Fenouil	Apiacées	*Foeniculum officinalis*	
Genévrier	Cupressacées	*Juniperus communis*	
Gentiane jaune	Gentianacées	*Gentiana lutea*	
Géranium herbe à Robert	Géraniacées	*Geranium robertianum*	
Gingembre	Zingiberacées	*Zingiber officinale*	
Guimauve officinale	Malvacées	*Althaea officinalis*	
Houblon	Cannabacées	*Humulus lupulus*	
Laurier-sauce	Lauracées	*Laurus nobilis*	Laurier noble, laurier d'Apollon
Lavande fine	Lamiacées	*Lavandula officinalis*	
Lierre terrestre	Lamiacées	*Glechoma hederacea*	
Lin	Linacées	*Linum usitatissimum*	
Maïs	Poacées	*Zea mays*	
Marrube blanc	Lamiacées	*Marrubium vulgare*	Bonhomme
Mauve	Malvacées	*Malva sylvestris*	
Mélisse	Lamiacées	*Melissa officinalis*	
Menthe	Lamiacées	*Mentha pulegium, M. piperita et M. viridis*	Chasse-puce
Millepertuis	Hypericacées	*Hypericum perforatum*	Herbe de la Saint-Jean, herbe à mille trous

Nom	**Famille**	**Espèce**	**Autres noms**
Morelle douce-amère	Solanacées	*Solanum dulcamara*	Herbe à la fièvre
Moutarde noire	Brassicacées	*Brassica nigra*	
Myrte	Myrtacées	*Myrtus communis*	
Olivier	Oléacées	*Olea europaea*	
Oranger	Rutacées	*Citrus vulgaris*	
Origan	Lamiacées	*Origanum vulgare*	
Ortie blanche	Lamiacées	*Lamium album*	
Passiflore	Passifloracées	*Passiflora incarnata*	Fleur de la Passion
Pavot	Papavéracées	*Papaver somniferum var. album, P. somniferum var. nigrum*	
Pensée sauvage	Violacées	*Viola tricolor*	
Pervenche	Apocynacées	*Vinca minor*	Violette de serpent, petit sorcier
Petite centaurée	Gentianacées	*Centaurium erythraea*	Herbe à la fièvre
Pied-d'alouette	Renonculacées	*Consolida regalis*	
Piment	Solanacées	*Capsicum annuum, C. frutescens*	
Pimprenelle	Rosacées	*Sanguisorba officinalis, S. minor*	
Pissenlit	Astéracées	*Taraxacum officinale*	
Plantain	Plantaginacées	*Plantago major, P. lanceolata*	
Poivrier noir	Pipéracées	*Piper nigrum*	
Pourpier	Portulacacées	*Portulaca oleracea*	
Primevère	Primulacées	*Primula officinalis*	Coucou, clé de saint Pierre, clé du ciel
Quinquina	Rubiacées	*Cinchona officinalis*	

Nom	Famille	Espèce	Autres noms
Réglisse	Fabacées	*Glycyrrhiza glabra*	
Rhubarbe	Polygonacées	*Rheum rabarbarum, R. rhaponticum*	
Romarin	Lamiacées	*Rosmarinus officinalis*	
Safran	Iridacées	*Crocus sativus*	
Saponaire	Caryophyllacées	*Saponaria officinalis*	Savonnière, herbe à savon
Sauge	Lamiacées	*Salvia officinalis*	
Saule	Salicacées	*Salix alba*	
Séné	Fabacées	*Cassia senna, C. angustifolia*	
Serpolet	Lamiacées	*Thymus serpyllum*	
Souci des jardins	Astéracées	*Calendula officinalis*	
Spirée ulmaire	Rosacées	*Filipendula ulmaria*	Reine-des-prés
Sureau noir	Caprifoliacées	*Sambucus nigra*	
Tanaisie	Astéracées	*Tanacetum vulgare*	Herbe aux vers
Tilleul	Tiliacées	*Tilia platyphyllos*	
Tussilage	Astéracées	*Tussilago farfara*	Pas d'âne, fils avant le père
Valériane	Valérianacées	*Valeriana officinalis*	Herbe-aux-chats, herbe aux coupures, herbe à la femme battue
Verveine	Verbénacées	*Verbena officinalis*	
Vigne rouge	Vitacées	*Vitis vinifera*	

POUR EN SAVOIR PLUS

Collectif, *Phytothérapie, la santé par les plantes*, Sélection du Reader's Digest, Vidal, 2010.

Fournier (Paul), *Le Livre des plantes médicinales et vénéneuses de France. 1 500 espèces par le texte et par l'image*, Paul Lechevalier, 1947.

Girre (docteur Loïc), *Connaître et reconnaître les plantes médicinales*, Ouest France, 1980.

Gurib Fakim (Ameenah), *Toutes les plantes qui soignent : plantes d'hier, médicaments d'aujourd'hui*, Michel Lafon, 2008.

Künkele (Ute) et Lohmeyer (Till R.), *Plantes médicinales, identification, récolte, propriétés et emplois*, Parragon Books, 2007.

Leclerc (Henri), *Précis de phytothérapie*, Masson & Cie, 1932.

Lieutaghi (Pierre), *Le Livre des bonnes herbes*, Actes Sud, 1996.

Lieutaghi (Pierre), *Le Livre des arbres, arbustes et arbrisseaux*, Actes Sud, 2004.

Lieutaghi (Pierre), *Badasson & Cie. Tradition médicinale et autres usages des plantes en haute Provence*, Actes Sud, 2009.

Pamplona-Roger (docteur George), *Guide des plantes médicinales*, « Encyclopédie Vie et Santé », 1996.

Rombi (Max) et Robert (Dominique), *120 plantes médicinales : composition, mode d'action et intérêt thérapeutique... de l'ail à la vigne rouge*, Alpen, 2007.

La collection LE PETIT LIVRE DE

Le petit livre
des saints

Le petit livre
des saints II

Le petit livre
des anges

Le petit livre
de Marie

Le petit livre
de la Bible

Le petit livre
de la vie de Jésus

Le petit livre
des dieux

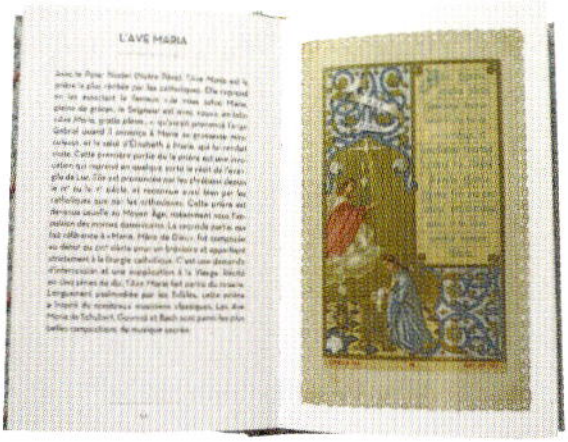

La collection LE PETIT LIVRE DE

Le petit livre
des rois de France

Le petit livre
de Napoléon

Le petit livre
de la Révolution

Le petit livre
des départements

Le petit livre
des villes et blasons

Le petit livre des
expressions familières

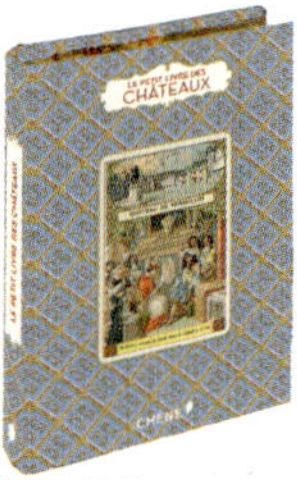

Le petit livre
des châteaux

Le petit livre
de Paris

Le petit livre
de la France gourmande

La collection LE PETIT LIVRE DE

Le petit livre
des arbres

Le petit livre
des fleurs

Le petit livre
des champignons

Le petit livre
des chats

Le petit livre
des chiens

Le petit livre
des bébés

Pour en savoir plus et suivre notre actualité :

- Retrouvez-nous sur **www.editionsduchene.fr**
- Inscrivez-vous à notre newsletter sur le site
- Devenez fan des Éditions du Chêne sur facebook

Toutes les images de cet ouvrage proviennent de la collection privée des Éditions du Chêne.

www.editionsduchene.fr

Directrice de projets : Nathalie Bailleux
avec la collaboration de Franck Friès
Suivi éditorial : Fanny Martin et Audrey Gérard
Directrice artistique : Sabine Houplain,
assistée de Claire Mieyeville et Audrey Lorel
Lecture-correction : Myriam Blanc
Partenariat et ventes directes : Claire Le Cocguen
clecocguen@hachette-livre.fr
Relations Presse : Hélène Maurice
hmaurice@hachette-livre.fr
Mise en page et photogravure : CGI

Édité par Les Éditions du Chêne
(43, quai de Grenelle, 75905 Paris Cedex 15)
Imprimé par Toppan Leefung Printing en Chine
Achevé d'imprimer en mars 2013
Dépôt légal : avril 2013
ISBN 978-2-81230-786-7
32/3688/2-01